目录

第二部分

第三部分

引言

路易十四的芭蕾

1653 年 2 月 23 日，下午 14 点 30 分，如果可以选择的话，勒诺多一定不想在这个时候吃上几片面包、喝上一杯牛奶。在 30 分钟之后，他将乘坐法国国王安排的马车驶向卢浮宫，并在那里排上 3 小时的长队，来观看一个长达 12 小时的表演。没错，整整 12 小时，表演从夜幕降临一直到旭日升起。

勒诺多以记录官的身份曾无数次进入皇宫，参加官方举办的宴会，但这次不同，年仅 15 岁的路易十四邀请了整个宫廷来看他跳名为《夜芭蕾》的芭蕾舞剧。

表演开始了，舞池中央的路易十四身穿金色紧身舞蹈服，头戴太阳火焰饰品，穿着他最爱的红底高跟鞋，身姿挺拔，权贵彰显。他的舞步跟其他演员不太一样，是由戏剧大师莫里哀专门为他设计的贵族男士的芭蕾舞步，动作简洁有力。这种如今看来略显尴尬和滑稽的表演在当时却是一场传奇。

路易十四把自己装扮成太阳神“阿波罗”，并且要求所有的投石党青年和贵族参与到舞蹈中来给他伴舞，他希望用舞蹈这种身体语言和舞台形式来表明他执政的合法性。勒诺多深知，这必定是《公报》在本周出版专题中需要传递的信息，同样也是路易十四邀请勒诺多的目的所在。

《公报》作为法国官方媒体，每周固定两次刊登路易十四本周的主要活动，有国家机构刊发的国王演讲稿、国王接见外国使节的对话、国王颁发的书面文件、官方修订的国王光荣事迹等。

《公报》就是后来的《法国公报》，是法国第一个连续出版的周报。它的创始人就是被誉为法国新闻之父的泰奥弗拉斯特·勒诺多。1631 年 5 月 30 日，该报经首相黎塞留推荐，获得国王路易十三的出版特许状：“勒诺多本人及其子孙，在法国境内，得永远享有发行报纸的权利。”国王和首相还亲自为之撰稿。

就这样，《公报》成为法国官方准许的出版物，有报道具体题目的专门许可证，称为“特权证明书”，因此也获得了报道国外新闻和政治消息的垄断权。这对当时的法国政府来说最合适不过，因为如果此类消息只在一处发表，控制起来就容易得多。《公报》还为政府提供了一个方便的渠道，借以宣布宫廷中发生的事情，也因此成为国家的报纸。它享有的垄断权保证了它一个世纪之后仍然地位稳固。

太阳王的首次亮相

在 1653 年的《夜芭蕾》中，路易十四以经典的旭日造型闪亮登场，饰演希腊神话中的太阳神阿波罗，表演得到了交口称赞。15 岁时，路易十四初登舞台，一直到 32 岁，他共在 26 部大型芭蕾舞中担任主角。他因独特舞蹈天赋成为舞台上的主角，他在演出的《阿波罗太阳王》中塑造的形象深入人心，舞台上的光环环绕着路易十四和法国王室。

路易十四在《夜芭蕾》中扮演的太阳神阿波罗造型

17 世纪的人们与我们大不相同。在那个文艺复兴余韵犹在、巴洛克风格风靡欧洲的时代，观看国王在舞台上表演阿波罗，实际上等于将神话中的太阳神与现实中的太阳王直接联系在一起。观众带着崇高的敬意观看，其庄重程度充满了仪式感。简单地说，通过芭蕾舞的表演，路易十四不单单展现了他的多才多艺，更重要的是带给观众神权与王权结合的直观感受。

巴蒂斯特·科尔贝尔是路易十四的亲密顾问兼“营造总监”，他把路易十四塑造成了一位威风凛凛的，并且令人心生崇敬的国王。他自 1661 年起就为国王效力，一开始负责国王对文学艺术领域的赞助工作，后来监管财政。在他担任营造总监期内，国王再次成为法国最大的艺术和自然科学赞助者。后来一些很著名的学院，比如皇家绘画雕塑院、舞蹈院、法兰西学院、建筑学院、音乐学院等机构纷纷成立，聚拢和培养了大批为国王效力的艺术家、作家和诗人。科尔贝尔和他的助手们在吸收新成员的规定上十分严格，比如艺术类学院参与考核的作品题材一概要出自《国王演义》。此外，官方还多次举办画作、雕塑、诗歌比赛，选取赞美国王的佳作进行奖励。除了比赛奖金，每年还有总数达 10 万里弗尔的津贴用来资助作家和学者，外国来的艺术家或诗人也有资格获取国王的赏钱。当然，钱都不是白给的，他们索要的唯一回报，便是这些艺术家必须生产赞颂国王天生慷慨、无私伟大的作品。

科尔贝尔的重大贡献在于他综合性地将各类文学艺术组织起来，共同为国王的荣耀添砖加瓦。科尔贝尔并不会每件事都事必躬亲，相反，他将塑造国王形象工程的工作分派到各个资助人委员会头上，再由各委员会指导、组织艺术家和文学家进行创作。也就是说，国王的公众形象是经过一个有机的官僚体制运作后的整体结果，伯克用“艺术官僚机构化”一词加以概括。需要指出的是，17 世纪的人们关于荣耀的理解与我们今天全然不同，这个词在他们的生活中是一个分量很重的词。每个阶层都在追求一种高于自身价值的荣耀感，国王更是要承担被全国人民普遍认可的荣耀感，因此呈现国王的华丽、权力、财富和威严不仅是路易十四的个人需求，也符合 17 世纪普通民众的心理诉求。科尔贝尔及其治下的艺术官僚机构千方百计地将路易十四比拟成太阳神阿波罗、赫拉克勒斯、亚历山大大帝、圣路易等，沿袭的是自罗马帝国以来赞颂君主的古典主义传统。

路易十四时代的控制策略，基本手段归纳起来就是：推动文化的国家化，国家对社会施予监控，建立国家文化机构和推行媒体专门许可证制度，将社会领域的文化艺术内容和人才收纳到国家体制之内，将社会传播内容也实行专项管理。

“文化国家化”最主要的表征，是一系列国家性文化机构的创立，将文学、艺术和科学等各个文化领域收纳到国家的控制之下。此举一方面可以把文人墨客从私人资助者那里分离出来，以免他们在诸如“投石党运动”等宗教政治纷争时期充当小册子写手。这有利于消弭争论，维持王国意识形态的统一性；另一方面又可以将他们纳为己用，塑造王权的荣耀。路易十四大规模地承袭了黎塞留的文化控制策略。自他 1661 年亲政以后的十年，是法国各种国家文化机构建立的高峰时期。

当然，在此之前，路易十三对媒体传播渠道有专门的政府许可，规定出版物除须经国王准许，还要得到检查官的事先许可，否则就不能通过皇家邮政系统递送。当时，政府雇用了近 200 名检查官，还专设了一个警察部门执行检查官的裁决，为持有特权证明书的印刷商扫除他们地盘上没有授权的印刷品。换言之，官方出版物林林总总，但全部严格规避对国内政治和宗教的讨论。

路易十四给法国带来了伏尔泰所称颂的统治时代，一个“永远值得怀念的时代”。

路易十五与伏尔泰

1715 年 8 月 26 日，路易十四把他五岁的曾孙叫到床边说：“我的孩子，你将成为一位了不起的国王。不要像我一样喜欢建筑和战争。相反，设法与你的邻居和平相处。给上帝你所应该给的。总是遵循好的建议。设法免除人民的痛苦，而这正是我所没能做到的。”六天以后，路易十四死于坏疽，统治了法国超过 70 年的人去世了。路易十五立刻成为法国的新国王。

摄政者在巴黎的宫殿大皇宫里处理国事。年轻的路易十五被转移到位于巴黎东边七公里处万森纳森林里的中世纪万森讷城堡的寄居地，那里的空气被认为比巴黎的卫生和健康。之后，他又被转移到靠近巴黎皇室的图勒利宫。

此时的路易十五年幼，并且，在之后他也被证明并没有继承曾祖父路易十四的舞蹈天赋。那时，法国人民依然对艺术文化很是关注。

1718 年秋，年仅 26 岁的伏尔泰所创作的《俄狄浦斯王》在巴黎上演并引起轰动，伏尔泰也赢得了“法兰西最优秀诗人”的称号。然而，这部剧本是伏尔泰在狱中完成的，也是他的第一部剧本，写的是路易十五的摄政王——菲利普二世（奥尔良公爵）的悲剧。在这部作品中，他首次使用了“伏尔泰”这个笔名，这个名字来自法国南部他故乡的一座城堡的名字。同时，除了继续创作戏剧作品，他还完成了《彼得大帝治下的俄罗斯》《议会史》等历史著作和《老实人》《天真汉》等哲理小说。伏尔泰推动了启蒙运动的发展，他本人也被人们尊称为“凡尔纳教长”。

其实，《俄狄浦斯王》的成功反映出的并不仅仅是伏尔泰在创作方面的才华，也反映出当时法国的君主制步履维艰、危机不断、不得人心。这从一个侧面也说明民众对其他来源的新闻的需求日益增加。而这种休闲八卦式的消息能填补官方新闻没有明言的内容，使人对消息得到更完全、更可信的了解。

这样的休闲八卦式的消息以口传笔写或印刷的形式在人群间流传，从社会的上层传到底层。“唱的报纸”每一首配词都是对某个政治人物的讽刺，叠歌则批评路易十五作为国王任事态发展到如此可悲的地步。

“真人真事小说”的发展更加迅速。这类小说以远方发生的虚构故事作掩护，叙述法国宫廷中发生的事情。1747 年秘密出版的《科菲兰国王泽奥甘尼祖尔的爱情》一书讲的是泽奥甘尼祖尔国王和他的情妇的故事；他有三个情妇，利亚弥尔、勒丹内弥尔和勒内图拉，其中两个是邪恶的廷臣坎姆·德·科利希尔的走卒。国王非常宠爱勒内图拉，连出征的时候都带着她。但是后来国王得了重病，直到他告解了自己的罪孽，同情妇断绝了关系后才痊愈。对 18 世纪 40 年代的读者来说，这部小说显然写的是他们自己的国王路易十五的故事。路易十五也有三个情妇：德 · 马伊夫人、德 · 万蒂米尔夫人和德 · 拉图尔奈尔夫人，其中两人被黎塞留公爵控制于股掌之中。

法国的君主制最怕这种人身攻击，因为它的基础是个人崇拜，这点从路易十四的形象塑造工程上不难观察到。不过，到了 18 世纪 40 年代，对个人的攻击逐渐开始向对整个腐败制度的攻击演变。历史学家罗伯特 · 达恩顿仔细研究过大革命前法国的媒体形态，他说："媒体编织成一张强有力的通信网，在政权的垮台中起了决定性的作用。"

路易十五大概是法国历史上最具矛盾性格的国王了。他的优柔寡断，以及他了解他所面对问题的复杂性和他内心的胆怯，都掩藏在一位专横国王的面具之后。在他统治期间造成了坏的结果。虽然他以曾祖父路易十四为榜样，尽职地充当皇家国王的角色，实际上对于路易十五来说，没有什么能比得上远离盛典和仪式的私人生活。

但同时，路易十五预见到了 19 世纪中产阶级浪漫主义的统治，他也对新兴知识分子展现出了婉约怀柔的一面。以他处理伏尔泰为例，1726 年，伏尔泰遭贵族德 · 罗昂的污辱并遭诬告，被投入巴士底狱达一年。出狱后，伏尔泰被驱逐出境，流亡英国。 而到了 1729 年，法国国王路易十五默许伏尔泰回到法国。之后一些年，伏尔泰陆续完成和发表了悲剧《布鲁特》《扎伊尔》，以及历史著作《查理十二史》等。而此时，民众对小道消息的热爱兴起，无法阻挡。此时，剧本、戏曲、小说等大众媒体呈现出迅猛发展的趋势。

在这个时期之前的文学，仍然被封建王权的道德规范捆绑，以拥护中央集权、歌颂贤明君主为其首要特征。而到了十八世纪，启蒙思想从英国肇始，然后传到荷兰、法国等欧洲其他国家，法国就取代英国成为启蒙运动的中心。

也正是在路易十五当政期间（1715—1774 年），大众意识启蒙兴起，涌现出了伏尔泰、孟德斯鸠、卢梭、狄德罗等一大批思想开明的人物。人权、君主立宪、三权分立、主权在民等思想应运而生，并且日益深入人心。也正是启蒙运动，为后来的大革命酝酿了环境。

小册子引发的革命

1788 年，政府取消了新闻审查，以便在次年召开三级大会之前的这段时间内进行充分的政治讨论。审查制度一取消，小册子便如潮水般汹涌而至。到 1788 年年底，全国共出版了 1500 多种小册子。1789 年 1—4 月，选举三级代表期间又新出版了 2600 种。截至 1789 年 5 月，一年内印刷的小册子总册数可能超过了 1000 万册。

人们通过小册子对财政和政府制度提出建议，赞扬某人或攻击政敌。其中就有一本弥尔顿的《论出版自由》的翻译本，译者是本杰明·富兰克林和托马斯·杰斐逊的朋友——政治家奥诺莱·米拉波伯爵。他在译文前加了一篇长长的导言，用以攻击审查制度的支持者，并表达了坚持新闻自由是正确的道路，他还指出了新闻自由在英国和美国产生的有益成效。其他小册子的作者也提出了相似的论点，坚称只有新闻自由才能使三级大会的代表充分了解选民的要求。

在革命前，法国的居民被分成三个等级：

第一等级：天主教高级教士、国王；

第二等级：贵族；

第三等级：包括资产者、农民、无产者在内的市民、下层人民，也就是除第一、第二等级外的其他阶层。

1789 年 5 月 5 日，路易十六在凡尔赛宫召开三级会议，企图对第三等级的人增税，以解救政府财政危机。第三等级代表则要求制定宪法，限制王权，实行改革。

事情的经过大概是，路易十六企图增税，并召开了国家级会议，以投票的方式决定。投票一开始分为两种，一种是阶层投票，即一个等级一票；另一种是选出一些代表进行投票。前者共三票，国王相当于拥有两票，这种方式因为明显不公而被舍弃。所以按第二种方式进行，由第三等级选举出代表和第一、第二等级所有人投票决定。

原本从人数上看第一、第二等级占优势，然而有部分第二等级的贵族做出了不一样的选择，把票投给了第三等级。最终，第三等级以 17 票的微弱优势取胜（第一等级 291 票，第二等级 270 票，第三等级 578 票）。事已至此，路易十六却出尔反尔，强行要求加税。这直接导致了同年 6 月 17 日，第三等级代表宣布成立国民议会，7 月 9 日，又改称制宪议会。

18 世纪后期，国王和他的大臣们眼看国库空虚，就用尽一切办法搜刮钱财，好继续吃喝玩乐。为此，他还在 1789 年妄想通过已经停了 175 年的“三级会议”来筹款。可是，第三等级的代表识破了国王的诡计，他们趁开会的时机，提出了两点要求：第一，限制国王的权力，成立国家的最高立法机关，实行三级会议制度；第二，改变按等级分配表决权的方式，要求三个等级共同开会，按出席人数进行表决。国王路易十六听了这些要求，暴跳如雷，认为第三等级大逆不道。他偷偷把效忠王朝的军队调回巴黎，准备逮捕第三等级的代表。消息传出来以后，巴黎人民群情激愤，怒不可遏。于是，酝酿很久的一场大革命就这样爆发了。

1789 年 7 月 14 日，人群攻破了受人痛恨的巴士底狱，在巴黎成立了新的市政府，法国大革命爆发。巴黎的警钟长鸣，工人、手工业者、城市贫民纷纷涌上街头，夺取武器，开始了武装起义。接下来的几周内，各地的大小城镇都学习巴黎，通过民众选举产生新的执政官。旧政府的权威崩溃了，随之而来的是，对权威媒体的管控权也不复存在了。

永垂不朽的《拿破仑法典》

1789 年 7 月 28 日，布里索重新开办了《法国爱国者报》，打出的口号是“自由的新闻是人民永保警惕的哨兵”。这一年，巴黎创办了 140 多家报纸，接下来的 1790 年，增至 335 家，不过大多数只出了一两期即告停刊。

有人甚至说，1788 年至 1789 年，小册子的大量涌现说明大革命的爆发应归功于印刷；而且，要传播 1789 年国民会议发布的《人权宣言》中所载的自由平等这些大革命的理想，也必然要靠印刷；“祝福发明印刷机的人”。

到了 1791 年 7 月，路易十六企图出逃未果，触发了政治危机，社会圈的宏大实验也就此夭折。

此时，督政府中又一个新的政治明星应运而生，他就是拿破仑。1796—1797 年，督政府派拿破仑·波拿巴远征意大利取得重大胜利，军人势力开始抬头。在雾月政变中，年轻的拿破仑执政，担负起了扫荡欧洲君主专制势力、最后巩固大革命成果的重任。

1799 年 11 月 9 日，雾月政变爆发的当天晚上，拿破仑便下令起草《民法典》。1800 年，雾月政变刚刚结束，拿破仑成了法国的最高统治者。随后，他正式命令大理院长特龙谢、罗马法学家马尔维尔、政府司法行政长官普雷阿梅纳和海军法院推事波塔这四位法律专家开始起草《民法典》。拿破仑对这部民法典相当重视，曾多次亲自参与一些法律条文的讨论。在具体制定法典的过程中，几位法学家在他的授意下，始终坚持资产阶级革命者在法国大革命初期提出的相对理性的原则。

法典草案在一年之后完成，拿破仑命人将其送往枢密院和各个法院，这些政府部门为了审核、修改草案，总共召开了 102 次讨论会，其中有 97 次是由拿破仑亲自主持参与的。经过三年半的讨论、修改，最终版本于 1804 年 3 月 15 日由立法院通过。3 月 21 日，拿破仑签署法令，以《法国民法典》的名称正式颁布施行。1807 年，这部《法国民法典》被命名为《拿破仑法典》，包括总则、三篇（35 章），共 2281 条。

拿破仑说：“我真正的光荣并非打了 40 次胜仗；滑铁卢之战抹去了关于这一切的记忆。但是，有一样东西是不会被人忘却的，它将永垂不朽——那就是我的法典。”

拿破仑依照当年的《罗马法》，着手制定了《拿破仑法典》。这部法典的精神，包括当中的很多条文，直到今天仍然在沿用，而后世还有一些国家参照《拿破仑法典》建立了本国的法律体系，这也是一种文明的再次复兴。

《拿破仑法典》是法国资产阶级大革命的重要成果，也是资产阶级国家最早的一部民法典。这部法典确认了资产阶级和农民占有贵族和教会土地财产的合法性，保证不受封建势力的侵犯；否定封建特权，确立了资产阶级自由、平等的原则，规定每个公民具有同等的民事权利和行为能力；法典对于家庭、婚姻、继承等社会生活方面都作了明确规定。这部法典破除了封建的立法原则，成为欧美各国资产阶级的立法规范，推动了资本主义的发展。

《拿破仑法典》不仅在法国国内影响深远，对其他各国的影响力也不可小觑。例如，美国路易斯安那州的法律、丹麦和希腊的民法典都是仿照该法典编制而成的。另外，德国、西班牙、葡萄牙、瑞士、巴西、阿根廷、智利等国的民法典也在一定程度上受到了它的影响。

“矛盾”君主路易十六

19 世纪法国思想家托克维尔的《旧制度与大革命》被公认是研究法国大革

命的一部经典之作。托克维尔认为，各阶级之间的紧张关系之所以加剧，主要是中央集权制的作用。

然而，法国在大革命前已形成欧洲其他国家无法比拟的中央集权政治体制：在王权中央形成了一个集行政、立法和司法权于一身的统一权力机构，中央政府派出的各省总督总揽了地方政府的全部权力，中央集权制的政府几乎达到了对全国的全面且绝对的控制。那为何中央集权制度是法国大革命的导火索，却没有发生在专制集权的路易十四时代，或是法国大革命期间的沙皇俄国？而恰恰发生在最为“开明”的路易十六身上？

法国著名历史学家米涅说：“路易十六，以他的胸怀和品德来说，是最适合他那个时代的。当人们对独断专制的政治体制不满时，他就自愿地放弃专制的做法；当人们对路易十五的荒淫挥霍感到愤恨时，他能够品行端方，生活俭朴；人们要求做一些必要的改革时，他也能够体察公众的需要并给予满足。”

路易十六曾多次试图改革。他先任用经济学家杜尔哥和银行家内克、卡隆等，试图向贵族和神职人员所代表的富人阶级征税，弥补路易十五留下的财政赤字。但是，改行仁政和继行暴政都是困难的，因为要改革，就要有力量能够使贵族特权阶级服从改革。最终，如我们知道的，他是由于尝试改革而毁灭的。

从任何角度来看，路易十六都不是什么暴君，而是“心地正直、善良”的君主，就如法国的历史学家米涅在《法国革命史》中所描述的：“他没有任何野心，因此他可能是唯一没有权力野心的法国国君，唯一具有一切好国王所应有的畏上帝和爱百姓这两个优点的国君。”路易十六的个人形象没有他的前任来得那么光彩夺目，甚至连路易十五的绯闻（法国国王多有情妇，法国人也以此为傲）都不曾有过，更没有路易十四的“太阳王”形象。正如上文提到的，在 1788 年政府也取消了新闻审查，政府不再对媒体具有监测管理权力。

有史学家认为，一国之君路易十六过于缺乏刚毅的性格，作为非常时期的法国君王，这样的性格害人害已。在革命者的步步为营面前，路易十六步步退让，而实际上如果不惜代价从一开始就坚决抵抗的话，他甚至有可能在有生之年保住王位。然而，路易十六并没有史学家描写的那么懦弱，也谈不上因为懦弱而断送了波旁王朝。

路易十六在位期间一直推动改革。1789 年 7 月 11 日，路易十六解除了受第三等级拥护的改革派财政总监内克的职务，并暗中调集军队，企图驱散制宪议会。如果没有他这样的果敢行为，也不一定能激起革命，也就不会在巴黎革命广场（今协和广场）被自己设计的断头台处决。但值得注意的是，在其被送上断头台之时，路易十六反而表现出了身为国王的威严，完全没有平时那般懦弱的样子，这让许多认为路易十六只是一个懦弱君王的人都感到奇怪。

摧毁整个法兰西帝国的不仅仅是因集权而激化的各阶级之间的矛盾冲突，同样也有政府的管理方式与当时媒体形态不协调的因素。人民个体的意愿和需求通过媒体映射形成阶层群体，而群体也通过媒体的传播方式来满足群体中的个体需求。故此，当时社会管理体制是采取集权还是宽松的方式，不应该是政府主观管理来控制媒体，而应该是去客观迎合媒体的变化形势，我们通过以下这张图来一看究竟。

	管理方式	个体意识	媒体	群体特点
路易十四	强势集中	向往成为稳定群体的一部分	《公报》、芭蕾舞、雕塑、诗歌	稳定三层结构
路易十五	强势柔弱，但手段集中	启蒙思想萌芽，希望自由平等	《公报》、小说、戏剧	松散的三层结构、但顶端阶层由于控制集中媒体而维持现状
路易十六	表面柔弱，但手段集中强势	需要自由平等，渴望群体结构的灵活性	小册子、自由报纸、华尔兹	剧烈动荡的第三层群体结构与宽松的媒体环境进行相互酝酿发酵

从路易十四到路易十六，管理方式与媒体形态的对比

① 路易十四时期，法国皇室通过媒体多维度、强势集中地制作法王的光辉形象，法国民众在光环照耀下具有强烈的自豪感，个体意识对现存的三级社会结构表示可以接受；

② 路易十五时期，在管理手段上，一方面强势地继续利用《公报》来巩固皇权的正统地位，另一方面也让小说、戏剧等媒体适当发展以满足群体对小道消息的需求，管理手段集中和离散兼而有之，群体形态也在松散中保持着集中；

③ 路易十六时期，希望获得强势集中，但媒体形态上已经失去了《公报》的集中效应，小册子、自由报纸营造的是一种离散的、松散的群体结构，而当权力组织又希望中央集中时革命诞生了。

其实，雅各布专政集权也充分说明了集中在当时是行不通的，反而是之后的拿破仑应用当时的新媒体小册子《拿破仑法典》来获得法国民众的心。之后拿破仑又通过对外扩张的影响力来建立自身的强权形象，使得革命之后的法国民众对拿破仑的中央集权也能欣然接纳。

本书到底想讲什么?

我们通过以上故事说明了这本书的主题——在营销过程中采用整合的集中、还是松散的离散，都取决于营销人通过媒体而希望达到的群体状态。而这一切的产品背后的媒体和人类又是怎样的关系？人类是否真的愿意成为群体中的一员？而成为群体的一分子又揭示了媒体和营销之间有着什么样的关联？被人们所津津乐道的移动互联网时代，人、媒体、社群、营销之间的关联又有着什么样的变化？这其中的一切，也并不是本书能完全解答得了的，但至少希望能提供给您看待这个世界的另一个角度。

本书第一部分对“媒体、人和社群、营销”进行了深入探讨。第一章“媒体与人体”认为，随着人类对自我地位认知的逐步“降低”和媒体技术的逐步进化，两者将最终结合形成“智体”，这既是媒体的意图，也是人体的最终归属。

第二章“营销：媒体实现意图的手段”，从人类历史发展的角度探讨，人类社群不断庞大且变得复杂。在商业时代之前，营销就已经存在，它最大的价值就是辅助思想和信仰的扩张，推动社群的发展，实现媒体的最终意图。

第三章“量子猜想”，依据前两章的推理，我们将要进入一个量子营销时代。当我们用求证的眼光再来看这个移动互联网时代给我们带来的变革时，我们的确观察到了人的波粒二象性：①个体性-粒子性。②群体性-波动性。由此，我们借用量子物理的思维，对未来营销的走向进行了 6 个猜想。

第二部分“量子营销的 6 个猜想”6 个章节分别探讨“从 K 战略到 R 战略”“从整合到离散”“从人群到人格”“从内容到形式”“从关注到想象”“从执行到营造”，试图帮助读者用新的、更多元化的视角来面对当今营销所面临的异象。

第三部分“尾声：牛顿的 2060”，在这里当然也算是对“明天”前瞻性的预测，探讨即将来临的 AI 变革，分析并试图印证第一部分给出的观点——“智体”时代是人类的最终归属。

第一部分

◇ 第一章　媒体与人体
◇ 第二章　营销：媒体实现意图的手段
◇ 第三章　量子猜想

第一章

媒体与人体

清晨的乌鲁克宁静而安详，库辛打开了神庙的仓库，开始了他一天的工作。库辛是 32 名仓库审核员中的一员，当时的人们总会把剩余的粮食储存在寺庙的仓库里，仓库审核员的工作便是清点这些粮食，并在文书中记载谷物和牲口的数量。

在这个当时最大的城市乌鲁克，天生就体弱的库辛为自己有这样一份工作而对神心存感激。此时的他，正一遍又一遍地认真清点着谷物的数量，临近黄昏时分，库辛用楔形文字写着："29086 单位大麦 37 个月库辛。"

对于这句话的解读是："在 37 个月内，共收到 29086 单位的大麦，由库辛审核。"

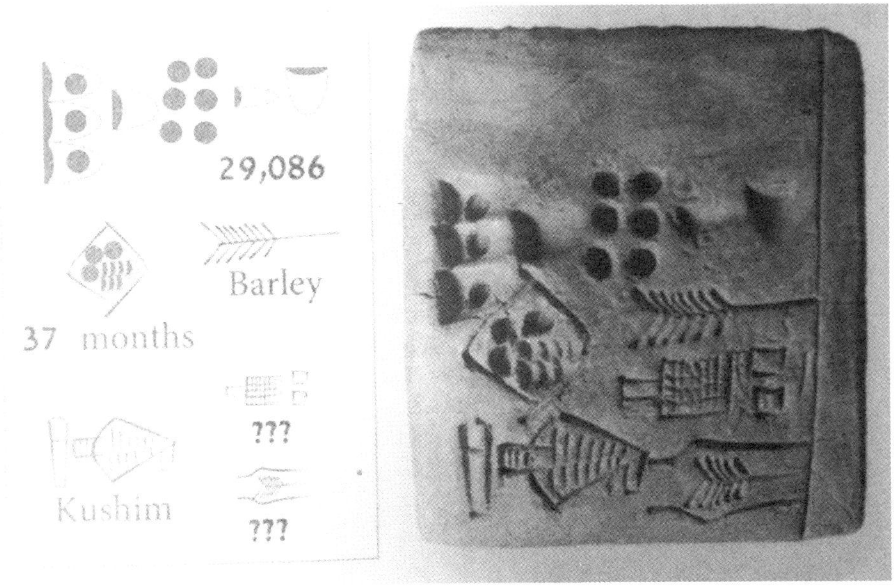

苏美尔人的楔形文字

（图片源自《人类简史：从动物到上帝》）

这个信息来自古城乌鲁克遗址神庙大约公元前 3400—公元前 3000 年的一块泥板，这也是人类历史上有据可查的第一个文本，也是人类和数据最早的一次邂逅。

最早的一次邂逅

最早邂逅数据的这群人，他们称自己为“黑头的人”，称他们居住的地方为“文明的君主的地方”，但后人称他们为苏美尔人。苏美尔人的语言、文化，可能也包括外表，都与他们的邻居闪米特不同。过去有人认为他们是入侵者，但是后来考古证明，从前 53 世纪到前 46 世纪的早期奥贝德文化开始，美索不达米亚南部的居住文化就是连续的。

此时的苏美尔文明已经以高度发达的姿态出现了，其他地方的民族与苏美尔比起来，绝对就是“原始部落”。甚至，在苏美尔文明消亡后的一两千年之内，地球上再没有出现比它更先进的文明。

由于苏美尔人很早就掌握了灌溉技术，他们在两河之间修建了水利系统，治理经常泛滥的河水，还大力发展了农耕技术，开垦出富饶的田地。灌溉不仅解决了粮食问题，也给当时的苏美尔人带来了“富足”，他们在富足的基础上孕育着文明。

由于人们不再经常迁徙，所以泥砖砌的房屋、织布机、适合煮粮食和其他食物的烧制陶器变得重要，烘焙和酿造技术等都很快得到应用。村社共同体取代了漫游的人群，成为人类社会的基本单位。由于田间劳动十分艰苦，规律性强，并需要计算时间以便确定正确的耕种季节，所以农民的生活方式不同于狩猎者的生活方式。人们还需要考虑未来并有所节制，因此即使在饥饿的时候，人们也必须保留一定数量的粮食作为种子，以确保来年的收获。

出于对“富足”的记录需求，苏美尔人发明了人类最早的象形文字——楔形文字，他们用图形将猪、牛、马、羊、庄稼等各种事物画下来。发展到后来，图形越来越简单，于是就将图形以符号的形式固定下来形成文字，用三角形尖头的芦苇竿刻写在泥板上，然后晒干，这样就可以长期保存了（这与后来的腓尼基人创造的字母文字有本质的区别）。

玥伽的绳子

人类社会由狩猎时代进入农耕时代，物资越来越充裕，同时也挑战着人脑的记录极限。这就出现了我们开篇的那一幕，人类史上第一文本不是哲理巧思，不是诗词歌赋，不是法典讨论，更不是什么歌功颂德的软文，而是一个无聊至极的数据记录，人类用数据来延展脑的记忆和检索功能。

最早人们会结绳记事，就是用打结的方式记录一些信息，比如去打猎。它是为日常生活服务的。

而当捕猎的行为多了，物质丰富了，存储的东西也就多了，信息积累到一定程度了就开始要考虑检索，所以，数据就产生了。

幽伽部落是远古时代的一个大部落，身材魁梧的玥伽是这个部落的首领，在这个部落里负责保管食物的人叫幽玛。由于食物与人们的生存有着直接的关系，所以，幽玛成为部落里的重要人物，她有着至高无上的地位，加上她的正直，使得人们崇敬她胜过崇敬玥伽。

每隔四年，幽伽部落会举行一次盛大的宴会。宴会上，幽玛总是非常慎重地拿出很多根长长的绳子，绳子上均匀地打着一个又一个的结。这些结是部落里勇敢的猎手们的战绩。每次打猎回来，猎手们都会把自己打到的猎物交给幽玛，幽玛在每个猎手专属的绳子上打结，有多少只猎物，就打多少个结，猎物的数量越多，绳结的数量也就越多；绳结的数量越多，绳子就越长。同时，猎手会得到与猎物数量相同的石子。等到举行宴会的时候，幽玛把打了结的绳子挂在祭坛上，等猎手们根据自己手中的石子核对完绳子上的绳结数量之后，幽玛就会向整个部落的居民们展示其中最长的绳子，而这根绳子的主人就可以成为下一届的部落首领。玥伽是目前部落里最勇敢的猎手之一，他已经做了 8 年的首领了，在这次宴会上，幽玛很有可能会再一次举起那根属于玥伽的绳子。

不知过了多少年，幽伽部落的首领换了一个又一个。玥伽的子孙们开始把他们抓到的一些比较温和的猎物饲养起来，这样，他们在寒冷的冬天就也可以吃上新鲜的食物了。山羊就是其中最早被玥伽的子孙们驯养的猎物之一。小燕云和部落里的其他孩子每天带着山羊们出去吃青草。早上，他们用手指头清点山羊的数量，看前一晚山羊有没有被凶狠的野狼拖走。傍晚，山羊们吃得饱饱的，小燕云和伙伴们把它们带回用木桩和绳子围起来的羊圈中，再次利用自己的手指清点山羊的数量，看是不是每一只山羊都被带回来了。开始，山羊的数量比较少，小燕云一个人的手指头就可以清点完所有的山羊了；后来，羊的数量变多了，小燕云就和伙伴们合作，每数十只羊，就把羊交给几个小伙伴放牧，等到晚上把山羊带回来后，再一群一群地数，一个手指头表示一群羊；再后来，小燕云长成了大姑娘，被指派专门负责清点部落里山羊的数量，而山羊的数量也越来越多，小燕云就把以前小伙伴们放牧的十只一小群的羊十群十群地数出来，圈在一个羊圈里，数的时候用一个手指头表示一个羊圈的羊。由于小燕云的聪明，部落里的羊的数目从来没有乱过。

又过了很长很长的时间，谁都不知道这段时间到底有多长，也不知道已经是小燕云的第几代子孙在记录羊群的数量，总之，大约距今五千年，人们开始使用各种符号来表示数，这些符号有的画在墙上，有的画在死去的动物的骨头上……符号的种类也多种多样。

生活在中国的远古时代的人们用

I　II　III　IIII　IIIII　T　TT TTT TTT

来表示 1 到 9。

这便是原始社会发明的以绳结形式反映客观经济活动及其数量关系的故事。虽然目前尚未发现原始先民遗留下的结绳实物，但原始社会绘画中遗存的网纹图、陶器上的绳纹和陶制网坠等实物均提示出结网是当时渔猎的主要办法，因此，结绳记事（计数）作为当时的记录方式是具有客观基础的。结绳方法，据古书记载："事大，大结其绳；事小，小结其绳，之多少，随物众寡"（《易九家言》），即根据事件的性质、规模或所涉数量的不同结系出不同的绳结。

可以看出自人类活动开始以来，我们的祖先用各种方式去记载数据、反映规律。

数的概念从萌芽到诞生，经历了极其漫长的岁月。学者们普遍认为，大约 30 万年以前，人类开始认识数，数始于原始人在采集、狩猎等生产活动中，通过对不同类事物的比较，逐渐认识到它们之间存在某种共通的特征。

结绳记事需要专门的学习，而泥版上刻楔形文字需要精湛的技术，学员强化训练，更多地为贵族提供支持，集权也因此有了基础。人为的文字和数字，这两者就像双胞胎，构建了那个人类时代的 0 和 1，人类沟通可以跳出口语的束缚，突破人类大脑的数据处理限制，而使得人类可以通过媒介更广阔地来传播他的意图，规划二维世界，形成组织、阶级和帝国。从此，文字和货币让上层建筑开始能够向成千上万的人收税，从而组织起复杂的官僚体系，建造出幅员辽阔的王国。集权进一步得到巩固。

喜马拉雅的这边与那边

古希腊位于地中海东部，以希腊半岛为中心，包括爱琴海诸岛、小亚细亚西部沿海、爱奥尼亚群岛，以及意大利南部和西西里岛的殖民地。地中海气候温和宜人，海洋资源得天独厚。但在希腊找不到肥沃的大河流域和开阔平原，山岭沟壑、耕地缺乏，土地贫瘠，这些都限制了粮食的生产，迫使希腊从事海外贸易、海外殖民和经济文化交流。而曲折的海岸线，众多的优良港湾尤其为这些活动提供了条件。特殊的地中海气候使得希腊盛产葡萄酒和橄榄油，为海外贸易提供了商品。正是这些原因，促成了古希腊宽松自由的社会环境、互利互惠的思想观念、开放探索的民族精神。

公元前338年9月1日，雅典联军和马其顿王国决定性的会战在奥蒂亚北部喀罗尼亚展开。在战役开局时，雅典联军两侧有自然屏障保护，可谓毫无破绽。马其顿军团拥有步兵3万人、骑兵2000人，分左右两翼展开。在雅典军的攻击下，马其顿军团的右翼受挫，形势堪忧。突然，从暗中冲出由年轻的马其顿王子率领的一支骑兵，把雅典联军中负责殿后的底比斯圣队彻底打败了。

底比斯圣队非常有名，最大的特点是所有士兵都是一对一对的同性恋。这支部队都是恋人兵，打仗的时候谁都不肯后退，战斗力很强。

当这支部队被马其顿王子击溃后，整个雅典联军也就溃败了。

雅典从此落入了马其顿人之手。

而这个马其顿王子就是赫赫有名的亚历山大。亚历山大大帝在短短的13年时间里创下了前无古人的辉煌业绩，先后统一希腊全境，进而横扫中东地区，不费一兵一卒占领埃及全境，荡平波斯帝国，大军开到印度河流域，征服约500万平方公里，横跨欧亚非三洲，亚历山大帝国成为人类古代史上面积最大的帝国之一。

几乎在同一个时代，在喜马拉雅山的另一边，有一个和马其顿非常像的帝国，它同样用武力统一了大片领土。它就是秦帝国。

马其顿和秦国很像。它们差不多处于同一个历史时期，都位于中心文明（希腊文明/中华文明）的西北角，都是多山地形，土地贫瘠，初期经济和文化都比较落后，但是军事都很发达。

因为文化落后，最早处于中心文明的国家都不愿意接纳它们，直到后来它们军事能力强大了，就以武力把其他国家都统一了，从而建立了庞大的帝国。

媒介构建权利枷锁

公元前 213 年，秋夜，咸阳城的阿房宫好久没有如此灯火通明了，在大殿的正中央坐的正是大秦帝国的始皇帝嬴政。此时的嬴政已经有了几分醉意，不过看似这醉意也带着些许久违的喜悦。秦始皇嬴政于公元前 221 年统一诸国，八年之后，他所掌控的秦王朝修筑的长城防御体系得以竣工，并且取得了南越之地。不过最让他欣慰的应该是秦王朝所建立的郡县制，这使得他所缔造的帝国将免于重蹈周王朝的覆辙，至少秦始皇是这么认为的。此刻，坐在殿下的仆射周青臣起身向皇帝敬酒并称颂始皇道："以前，秦国很小，地不过千里，亏得陛下你神灵明圣，平定海内，放逐蛮夷，日月所照，莫不宾服。"接着，他又大赞郡县制，说秦始皇改诸侯分封制为郡县制，使国家无战争之患，百姓得以久享太平，其功德从古至今没人能比。

周青臣的话不无阿谀奉承的成分，但陈述的也基本上都是事实。不过，这引起了一个名叫淳于越的人的不满，他愤然而起说："我听说商周时代都因分封子弟而传国近千年，因为分封子弟功臣可以让他们与国君互相照应。如今始皇您富有四海却不分封子弟以作呼应，倘若出现像篡夺齐国政权的田常式的人物，那将何以应付？周青臣不向陛下您指出这一点，反倒当面奉承，不是忠臣！"

淳于越与周青臣并无过节，这场争论纯属观点之争，也有文人相轻的味道，本不应该产生什么实质的后果。不料，此时丞相李斯却突然插了一杠子，使情况发生了质的变化。

李斯说："三皇五帝治国各有其法，都搞得好好的。这是因为他们能根据天下大势，来用不同的政策。如今陛下创大业，建万世之功，迂腐的儒生不明其理，淳于越拿三皇五帝来举例，这值得去效法吗？那时候诸侯相争，大家都想招徕天下的读书人，现在天下已定，以法治国，老百姓致力农工业，知识分子要学习法律，这才是正道。现在这些儒生不从当下出发，反而以古代的例子说现在的不是，迷惑百姓，我冒死劝皇上，过去天下大乱，各执一词，才有诸侯并起，都借着古代说事儿，花言巧语没有一句是有用的，大家都尊崇乱七八糟的学术，而不是国家的制度。如果皇上统一天下，应该统一思想……臣请求，如果不是我朝撰写的历史都烧了，除非是博士官的职责，天下敢有藏诗书百家语者，都让地方官烧毁……”

李斯啰里啰唆说了许多，核心内容只有一个，那就是厚今薄古，而不能以古非今。为此，他建议烧书，而且要以严厉的措施去执行。

这便引发了秦王朝著名的历史事件“焚书坑儒”中的“焚书”。公元前 213 年，秦始皇接受了丞相李斯的建议，下令禁私学、焚《诗》《书》，实行文化专制的政策。于是，秦代首都咸阳纵起了焚书的烈火，接着这样的烈火在全国各郡或先或后被点燃了，而且在一个月内没有熄灭过。

焚书的目的，是要一次性根除一切议论国事的可能。因为废封建，行郡县，是一场革命。这场革命关系到大秦帝国的生死存亡，必须进行到底，当然要镇压反对者的观点蔓延了。秦始皇和李斯知道，在当时只有给出一个可控的“假象”，人们才会逐渐地习惯并顺从下去，而“书”便是在那个时代最好的制造“假象”的介质。

“书”的出现是为了延展人类记忆信息的极限，早期的“书”是加载了信息的媒介，“书”可以依托于龟壳、绸缎、竹签，甚至石壁。然而，早在印刷术尚未普及的时候，制造和传播“书”这种介质都需要付出极大的代价。

在人类历史的早期，我们会欣然接受这种“媒介”制造出的“影像”，因为这时的“媒介”制造和传播成本巨大，绝大多数人获得这些“媒介”已经很困难了，更没有多余的精力来考证这种“媒介”所承载的“影像”的真与假。

象形文字与集权

很多学者谈论古代中国集权政体的形成原因是中国是从事农耕农业的，水稻是大型的灌溉农业，所以需要灌溉工程、蓄水工程、江河治理、排水系统和河内航行，中国社会需要建设大规模的灌溉蓄水工程（防洪和运输），基于这种需求，所以把所有权力都集中在了王朝。

但在我个人看来，集权和农耕的问题与鸡和蛋的问题一样，无法从时间序列上把这个问题解释清楚，我们反倒可以从中国象形文字的角度来尝试解释一下。我们知道中国的象形文字和苏美尔人的楔形文字属于同一种类的文字，这种类型的文字，需要将持久的记录集中保持。复杂的文字记录成为特殊阶级的特权，因此也更加有利于权力的集中。

同时，象形文字更接近于书面文字。用书面文字来抽象表达事物，就需要一个小型集团来制定这个标准。以最显著的量度标准为例，不仅是因为它在数字表示上显得复杂化，还因为有一些高高在上的朝廷政务机构，这些机构受委托来核定量度标准。这种标准的维护确保了所有度量单位在整个帝国的通用性，这是任何一种高度集权化管理取得成功的重要因素。

而在罗马帝国衰亡以后，当拉丁语不再是欧洲统一的语言的时候，便越发无法形成具有民族特性的语言和文字。在中国却不是这样。汉字属于象形文字，其所记录的是词语的意义而不是发音。因此，尽管也像所有的口头语言那样，音韵和其他的变化在中国屡屡发生，但汉字系统无须追随所有这些变化而变化。

因此，文字在中国成为保持文化一体性和政治体制稳定的最有力的工具。如果有人想知道为什么布鲁斯尔的官员还没能够重新统一欧洲. 那么答案可能是因为他们使用了拼音文字，而汉字真正的功能是：确保中国文化和政治传统的连续性。这种令人敬仰的统一性在世界历史上是无与伦比的。

书面语言与官僚统治

从社会经济学的观点来看，靠掌握书面语来限定的阶层就是官僚阶层，其职权是从皇帝那里获得的。皇帝有审定各种量度标准的特权，而官僚则为它们在整个帝国得以确立提供手段，这样它们就为财政管理和工商管理提供了一种统一的标准。

反观西方社会，英语是典型的音标文字，由 26 个字母组成的音标文字其特征更接近于口头语言。口头语言由音地和意结合而成，更适合通过说和听的方式传播。口头语言的优势在于可以更充分地表达自我，以及在一个特定的群落中建立强联系。当然，顺着这个思路来看的话，我们也会发现这和西方世界的构成惊人的相似，古罗马践行的是松散政策，虽然已有独裁者出现，但依然没能给欧洲带来像中国那样的统一，而是永远分成了多个民族国家。

多民族联合下的帝国，也使得欧洲君主不得已低调谨慎，因为在这个群雄环伺的微妙均衡局面下，他只是玩家之一。

也正是这种格局造就了“对欧洲政府的有所设限”；而在东方社会的中国，权力极其明确地集中在皇帝手里，以儒家为尊的精英文化对君权统治也支持有加。《诗经》中的“普天之下莫非王土；率土之滨莫非王臣”，极好地诠释了这个主题。

然而，口语带来的直接自我表达，形成了西方的私有财产权意识，衍生出的人权观念，是西方价值的核心。希腊人揭示了个人的观念和实现自由的制度框架。独立雕像的概念来自埃及，但希腊人进而发展了这一种想法，创造了艺术本身。自立和自信允许并促进了人类思考政治、艺术和哲学等问题，在艺术中创造了个人原则，并发展到社会和政治中去，形成新“个人主义”，因此，希腊有了哲学并鼓励“理性的讨论”，而且，古希腊人发明了“民主”一词。当然古罗马帝国的崩塌也正是源于超前的个人主义。

人不再是中心

1543 年 5 月 24 日，垂危的哥白尼在病榻上见到了从纽伦堡寄来的《天体运行论》样书，他只摸了摸书的封面，便于 1543 年 5 月 26 日辞世了。

《天体运行论》（*De Revolutionibus Orbium Coelestium*）又名《试论天体运行的假说》，长达 6 卷，是波兰天文学家哥白尼所著的一本天文学说著作，于 1535 年最终修补完整。

第一卷论述太阳位于宇宙的中心，地球和其他行星都是绕太阳运行的。

第二卷讨论地球的自转，指出地球是绕太阳运转的一颗普通行星。

第三卷讲岁差。

第四卷谈月球的运行及日月食。

第五卷、第六卷阐述水星、金星、火星、土星和木星五大行星。

哥白尼知道用“日心说”推翻“地心说”对于当时来说简直就是歪理邪说。由于哥白尼害怕引起各方面的攻击，他在书的序言中写明将他的著作献给教皇保罗三世。他认为，在教皇的庇护下，《天体运行论》也许可以问世。除了这篇序之外，《天体运行论》还有一篇教士奥西安德尔写的前言。当时哥白尼重病在身，委托这位教士出版发行。奥西安德尔为使这书能安全发行，假造了一篇无署名的前言，说书中的理论不一定代表行星在空间的真正运动，不过是为编算星表、预推行星的位置而想出来的一种人为的设计。这篇前言在半个多世纪的时间里，骗过了许多人。

然而，这种欺骗是去骗别人，还是去骗自己呢？当时的人们相信的是 1500 多年前希腊科学家托勒密创立的宇宙模式。托勒密认为地球是宇宙的中心且静止不动，行星和恒星均围绕地球运动，而恒星远离地球，位于太空这个巨型球体之外。以地球为中心的另一层意思是，整个宇宙模型的设计是以人为中心的。然而，哥白尼不辞劳苦，三十年如一日，每天坚持观测天文现象，终于取得了可靠的数据，提出了“日心说”，那这个宇宙也必然不是以人为中心了。而这时，人类创造的“数据”将人类拉回这个现实世界。

与哥白尼的害怕相比，意大利佛罗伦萨人伽利略就显得更为激进一些。1597 年，伽利略收到开普勒赠阅的《神秘的宇宙》一书，便开始坚信日心说。1609 年，他发明了 40 倍双镜望远镜，这是第一部投入科学应用的实用望远镜，用来观察日月星辰，而且新发现甚多，如月球表面高低不平、月球与其他行星所发的光都是太阳的反射光、木星有 4 颗卫星、银河原是无数发光体的总汇、土星有多变的椭圆外形，等等，这一系列的发现开辟了天文学的新天地。伽利略撰写出版了《星空信使》一书，震撼全欧。他随后又发现金星盈亏与大小变化，这对日心说是强有力的支持。不仅如此，伽利略也是第一个在科学上使用显微镜的人，他通过显微镜观察到一种昆虫后，第一次对它的复眼进行了描述。在这个时代同时使用望远镜和显微镜，来扩充他视野的远度和思维的深度，伽利略倡导数学与实验相结合的研究方法，这种研究方法是他在科学上取得伟大成就的源泉，也是他对近代科学的最重要贡献。

人类回到地平线上，人们可以在自然界中获得更多、更全、更深的数据的时候，近代科学的序幕拉开了。

剑桥神学院的毕业生

刚踏上贝格尔号的达尔文，还只是从剑桥神学院毕业的一个正统的基督教徒，他的虔诚常常被海员们取笑。而当他五年之后再次返回英格兰时，他完全抛弃了基督教信仰，并逐渐成为不相信上帝存在的怀疑论者或者说是理性主义者。

1831 年，当时著名的植物学家 J.亨斯洛被要求推荐一名年轻的博物学家参加贝格尔号的环球航行时，他推荐了忘年交达尔文。达尔文的父亲竭力反对儿子参加航行，认为这会推迟儿子在神学职业上的发展。在达尔文的一再恳求下，老达尔文终于做出让步，表示他若能找到一个可敬的人支持他去，他就可以去。达尔文找到了舅舅、他未来的丈人来说服父亲，并侥幸通过了以苛刻著称的 R.费兹洛伊船长的面试，于 1831 年年底随贝格尔号扬帆起航。

此次环球航行途经大西洋、南美洲和太平洋，达尔文沿途考察地质、植物和动物。一路上做了大量的观察笔记，采集了无数的标本。出于对动物、植物和地质方面的大量的观察和采集，数据对比综合分析，让达尔文对一件事情产生了强烈的怀疑：一切生物都是由上帝创造的吗？

1859 年 11 月 24 日。在那一天，经过二十年小心谨慎的准备之后，达尔文出版了《物种起源》一书，第一版印了 1250 本，在发售的当天销售一空。书中用大量资料证明了形形色色的生物都不是上帝创造的，而是在遗传、变异、生存斗争和自然选择中，由简单到复杂，由低等到高等，不断发展变化的。他提出了生物进化论学说，该学说的观点是：无一例外，人并不像他们表现的那样高高在上，而是与各类物种一样“由低等到高等”进化而来的。这彻底颠覆了“唯一人”的人类对自我的认知。

不仅如此，1913 年弗洛伊德的《图腾与禁忌》一书表示，灵魂也不是人所独有的，灵魂的观念是整个精灵说体系最原始的核心，他指出无生命之物有跟人同样的灵魂。在弗洛伊德稍早期的著作《梦的解析》中还表示，通过对人的自我分析，人类也只不过是“潜意识”的“傀儡”。而我们从爱因斯坦的《相对论和空间问题》一书中也能解读出，人类和所有物质一样，都是时间的“囚徒”。

他们发现，人类并不是宇宙的中心；人类其实微不足道。这是西方普遍面对的困境：我们很聪明，可是我们不断在发现自己的无足轻重。但更惨的还在后头，19 世纪，达尔文把这个论点延伸得更远：人类跟猿猴来自同一个祖先。这对人类本身和人类的傲慢来说，都是更大的棒喝。我们不是宇宙的中心，不是什么特别的生物，我们只是借由一种偶然机制，从动物王国里繁衍出来的后代。

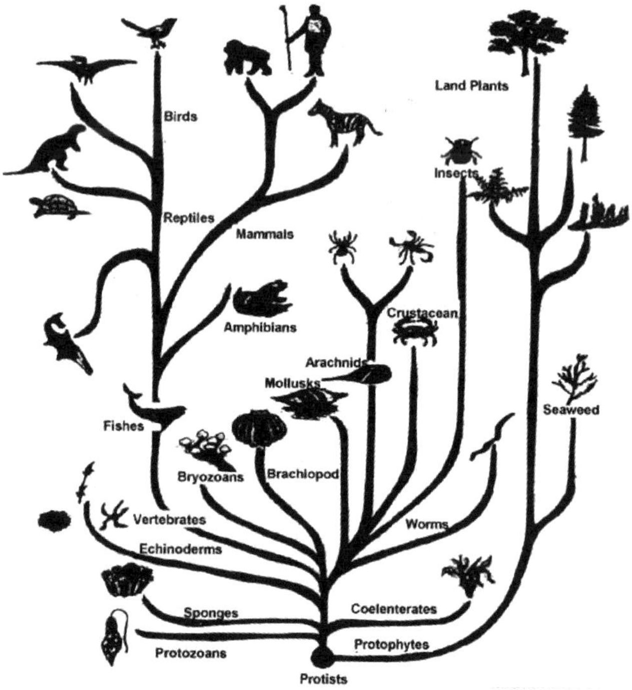

达尔文的“生命之树”

人类“创造”的数据终于用在了自我“数据”解析上，而还原出来的真相让“人”落下神坛。

“会说话的机器”

1877 年 8 月 15 日，托马斯·阿尔瓦·爱迪生让助手克瑞西按图样制出一台由大圆筒、曲柄、受话机和模板组成的怪机器。爱迪生指着这台怪机器对助手说："这是一台会说话的机器。"爱迪生取出一张锡箔，卷在刻有螺旋槽纹的金属圆筒上，让针的一头轻擦着锡箔使其转动，另一头和受话机连接。

爱迪生摇动曲柄，对着受话机唱起了"玛丽有只小羊羔，雪球儿似的一身毛……"唱完后，把针又放回原处，继续轻悠悠地摇动曲柄。接着，机器不紧不慢、一圈又一圈地转动，唱出了"玛丽有只小羊羔……"与刚才爱迪生唱的一模一样。站在一旁的助手们，第一次见到一架会说话的机器，惊讶得说不出话来。

"会说话的机器"诞生的消息，轰动了全世界。1877 年 12 月，爱迪生公开演示了留声机，外界舆论马上把他誉为"科学界的拿破仑·波拿巴"，留声机也被认为是 19 世纪最引人振奋的三大发明之一。爱迪生在 1877 年设计的留声机，是世界上最早的录音装置。

其实留声机只是爱迪生众多成就中的一个，爱迪生还是灯泡和电影摄像机的发明人。但爱迪生最大的成就在于他将人类社会推进了电气时代。在电气时代，人类有了电视、电话、广播电台、电脑、互联网……

"一声断喝——上帝死了"是德国著名哲学家尼采的名句。尼采认为在没有上帝的世界里，人们获得了空前的机会，必须建立新的价值观，而且是以人的意志为中心的价值观。20 世纪，人们认为造物主已死，其实造物主只是转变了他的表现形式而已，造物主创造出了互联网来作为人类社会的镜像。互联网正在以另一种形式构建"人类"。

冯·诺伊曼对世界上第一台电子计算机 ENIAC（电子数字积分计算机）的设计提出过建议，1945 年 3 月，冯·诺伊曼在与团队共同讨论的基础上起草了 ENIAC 设计报告初稿，该报告中定义了计算机的新结构，采用存储程序及二进制编码。而这个具有突破意见的结构设计，至今仍为电子计算机设计者所遵循。

1944 年夏季的一天，已经离家多日的冯·诺伊曼正在等候着回家的列车，巧遇多年未见的戈尔斯坦中尉，当时的戈尔斯坦是美国弹道实验室的军方负责人，此时，戈尔斯坦正在参与 ENIAC 计算机的研制工作，这让他焦头烂额。在简短的寒暄之后，谈起了 ENIAC 的研制情况。冯·诺伊曼被这一研制计划所吸引，他意识到了这项工作的深远意义。

1945 年，冯·诺依曼由 ENIAC 机研制组的戈尔斯坦中尉介绍参加 ENIAC 机研制小组，便带领这批富有创新精神的年轻科技人员，向着更高的目标进军。他们在共同讨论的基础上，发表了一个全新的“存储程序通用电子计算机方案”——EDVAC（Electronic Discrete Variable Automatic Computer）。在这一过程中，冯·诺依曼显示出他雄厚的数理基础知识，充分发挥了他的顾问作用及探索问题和综合分析的能力。冯·诺伊曼以“关于 EDVAC 的报告草案”为题，起草了长达 101 页的总结报告。报告广泛而具体地介绍了制造电子计算机和程序设计的新思想。报告中，冯·诺伊曼对 ENIAC 中的两大设计思想做了进一步的论证。设计思想之一便是二进制，他根据电子元件双稳工作的特点，建议在电子计算机中采用二进制。报告提到了二进制的优点，并预言，二进制的采用将大大简化机器的逻辑线路。在这种设计思路的推动下，1946 年 2 月 14 日，在美国宾夕法尼亚大学，电子计算机“埃尼阿克”（ENIAC）诞生了。

一直以来人类用自己的思维、自己的习惯“创造”着数据，就如同我们习惯于用十进制的阿拉伯数字来“迎合”我们约定俗成的理解一样。而当“二进制”的出现，人类开始迎合数据，数据驯化着人类思维。

从 IT 到 Bite

“1 与 0，一切数字的神奇渊源。这是造物的秘密美妙的典范，因为，一切无非都来自上帝。”这句话源自德国天才大师莱布尼茨的手迹。但是，关于这个神奇美妙的数字系统，莱布尼茨只有几页异常精练的描述。莱布尼茨不仅发明了二进制，而且赋予了它宗教的内涵。他在写给当时在中国传教的法国耶稣士会牧师布维的信中说：“第一天的伊始是 1，也就是上帝。第二天的伊始是 2……到了第七天，一切都有了。所以，这最后的一天也是最完美的。因为，此时世间的一切都已经被创造出来了。因此它被写作‘7’，也就是‘111’（二进制中的 111 等于十进制的 7），而且不包含 0。只有当我们仅仅用 0 和 1 来表达这个数字时，才能理解，为什么第七天才最完美，为什么 7 是神圣的数字。特别值得注意的是它（第七天）的特征（写作二进制的 111）与三位一体的关联。”

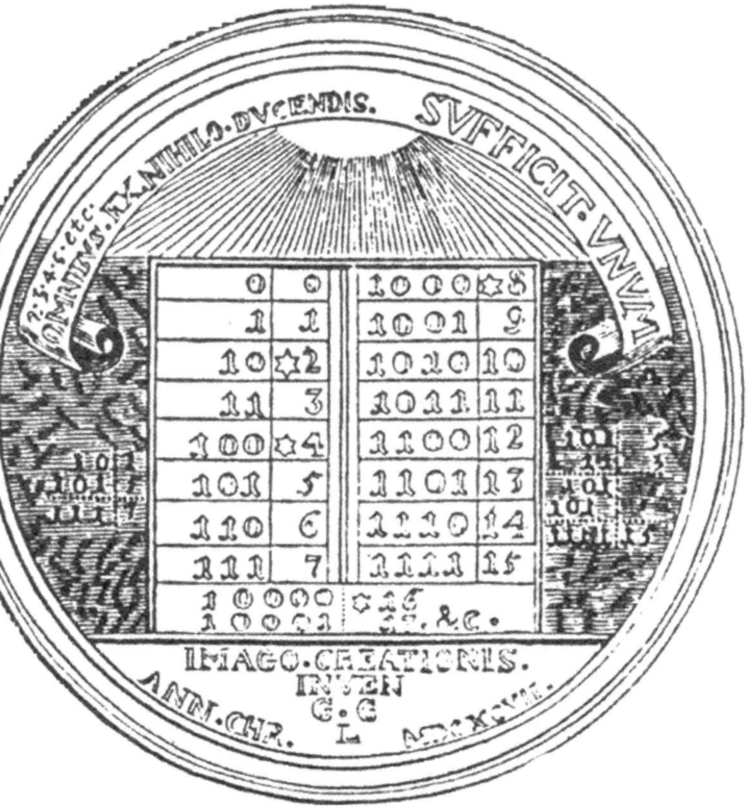

莱布尼茨设计的二进制纪念章

科学革命之后，那个时代的人并不认为科学的种种发现贬低了人的重要性。恰恰相反，他们认为，如果人类做得到这一步——借由理性思索出整个自然体系的运作，又能用数学精确表达，当然就可以利用理性更上一层楼。我们可以把这份理性用于人类生活，让它得到脱胎换骨的改善。这份以理性为尊的渴望，就成了启蒙运动的驱动力。

启蒙运动不是革命运动，甚至不是政治性的运动。它是由一群学者、作家、艺术家和历史学家推动的，这些知识分子相信，一旦理性与教育变得普及，迷信和无知自然会消弭于无形，人民也就不会相信神迹或君权神授这类的胡说八道。只要人民得到教化，民智自然开启。

古人与现代人的成就孰优孰劣，世人辩论长达两百年之久，直到 17 世纪，希腊关于太阳、地球、星球和星宿的科学观被证明是错误的，这场争辩才告停息。自彼时起，大家对古典就减少了尊敬，转而把更多希望放在现代人可能有的成就上。

柏拉图相信，我们在世间的所见所感，只是存在于另一个崇高灵魂界中的完美形体的影子。

莱布尼茨在 1679 年 3 月 15 日记录下他的二进制体系的同时，还设计了一台可以完成数码计算的机器。在今天将莱布尼茨设计的机器变为了现实，这在莱布尼茨的时代是超乎人的想象能力的。人类也由此对自身的认识从物质形态进入数据形态。

1946 年“埃尼阿克”（ENIAC）的诞生只是一个开端。

- 1949 年，艾伦·麦席森·图灵成为英国曼彻斯特大学计算机实验室的副主任，负责最早的真正意义上的计算机——“曼彻斯特一号”的软件理论开发，成为世界上第一位把计算机实际用于数学研究的科学家。至此，数据有了孵化体和载体。
- 1964 年，保罗·巴兰发表《分布式通信系统》论文，提出拓扑网络的概念。数年之后，该论文又成为 ARPAnet 项目的理论基础。ARPAnet 是建立在“包交换理论”基础之上的一个去中心化的，或者叫做分布式的网络系统（Distributed Networks）。

- 1975 年，比尔·盖茨与保罗·艾伦创办微软公司，公司总部设立在华盛顿州的雷德蒙德市（Redmond），邻近西雅图。公司主要业务为研发、制造、授权和提供广泛的电脑软件服务。至此，数据载体类似于西方文艺复兴后期的书籍而得到了广泛的传播。
- 1980 年，未来学家阿尔文·托夫勒出版的轰动世界的《第三次浪潮》一书提出“大数据观点”，大数据为人类社会提供了望远镜和显微镜。
- 2000 年，克林顿政府在白宫举行记者招待会，对外界郑重宣布，由一批国际科学家合力探索的人类基因组研究计划已经完成了人类基因组草图。理查德·道金斯在《自私的基因》一书中提出人类只是基因的传播媒介，是一套“生存机器”（survival machine）而已。
- 2002 年，心理学家丹尼尔·卡内曼的代表作《思维，快与慢》指出，人类凭借“直觉分析”的决策行为是如何系统性地偏离标准的。这象征着数据决策意识的觉醒。
- 2012 年，马克·扎克伯格创办的 Facebook 登陆纳斯达克，非结构化数据崛起。数据以自我意识来形成、发展、变异，人类成为数据的载体。
- 2015 年，凯文·凯利的新书《必然》提出，科技是一个物种。

媒体&“信体”

“媒介”一词，最早见于《旧唐书·张行成传》一书：“观古今用人，必因媒介。”在这里，“媒介”指的是使双方发生关系的人或事物。其中，“媒”字，在先秦时期指媒人，后引申为事物发生的诱因。也见于《诗·卫风·氓》一书：“匪我愆期，子无良媒。”《文中子·魏相》一书：“见誉而喜者，佞之媒也。”而“介”字，则一直是指居于两者之间的中介体或工具。也指在两者或两者以上的人或事物间，从中介入的活动或组织，表达的是一种动作状态。

我们认为媒介这种介入两者间的相关关系可分为三个阶段：人使用媒介我们叫它媒体，人与媒介交互我们叫它信体，人与媒体综合我们叫它智体。

我们先来看人如何使用媒介。

如某机构发布一款新产品，信息通过媒介进行发布之后，促使部分人群购买，这是最简单的一个使用现代媒体的过程，在信息学上这个过程演绎为主体-编码-媒体-解码-客体的过程。这也是人使用媒体的过程，就如同我们通过越洋电话以光速与远在休斯敦的表哥、温哥华的表姐沟通一样，我们不用飞到休斯敦或是温哥华与他们一一沟通交流，这样我们已经通过使用媒体来扩充人体本身在时间和空间上的极限。

在麦克卢汉的笔下，媒介即万物，万物皆媒介（The medium is the message），而所有媒介都可以与人体发生某种联系，如石斧是手的延伸，车轮是脚的延伸，书籍是眼的延伸，广播是耳的延伸，衣服是皮肤的延伸……媒介无时不有，无处不在。其实，我们之前与媒介的关系都是这种使用状态，媒介帮助人们实现不同层面的物理突破。

商业需要造成新的语言垄断和新的理解困难，而这不断被媒介打破平衡后又建立平衡。人设计出媒体希望单向去控制和束缚群体，但媒体逐步变成了双向的，可与人交互。直到计算机技术真正产生，我们才进入了媒体的第二个阶段——人与媒介交互形成信体。

计算机的独特之处，就是创造一个预设的物质环境，作为媒介而并非只是传播一种非物质的假象。具体来说，在没有出现计算机技术之前，媒介完成的仅仅是人类物理的极限突破，以此来满足需求，而计算机技术出现后，人们可以与媒介交互来创造需求，最显现的表现便是创造信息。

数据研究表明，2013 年中国产生的数据总量超过 0.8ZB（相当于 8 亿 TB）。这大约是全球有史以来出版的图书信息总量的 2400 万倍，并预计到 2020

年，中国产生的数据总量将是2013年的10倍，超过8.5ZB。

而按一个阅读速度为一般水平的人，一生的阅读总量大约是1.3亿~2亿字，以1G记录5.3亿汉字来计算一个人一生能消耗的阅读量也不会超过500M字。人类目前创造的信息比全人类可以吸收的信息大得多的多，如果媒介还只是作为工具来对信息进行传递的话，那真是杯水车薪。

而这时人们更加习惯性地与媒体进行交互来形成非物质的场景，比如八卦、社交、服务等，媒介在这个场景变迁中，并不是在上古时代的铁片、铜鼎、石壁上传递信息，而是在电视、电话、社交网络中传递的观点。两者更加融合而形成一个新物质——信体。

举个例子，小说就构建了这样一个非物质场景，我们都知道“1000个人眼中有1000个《红楼梦》”的说法，这就是最简单直接的信体体验。其实信体作为一个非物质场景一直存在，只是计算机技术的到来让人类社会可以记录下这些零散的信体，也使得信体之间可以相互补充来创造完善这个虚构的世界，使得人性更加完善。

信体与媒体的不同在于，你可以把它看成是一种有极强的场景适应能力和延展能力的“液体”。近年来，技术、信息、通信、分销领域的综合发展催生了大量新型社交媒介群、电商销售与服务渠道、社会化营销，以及互联网+产品及品牌等形态，都是这种 “信体”的存在方式。

智体&人体

在描述“智体”概念之前，我们先问一个问题：媒介的意图是什么？

“媒介的意图”我们可能会回答为突破人体的极限，媒介封装信息，并使得信息被读取和转录，通过网络扩散；通过这种方式人们可以收集和获取更多的信息。当人们获得的信息越多，我们会认为更能看清事物的本质，而得出更清晰的结论。

这时“信体”出现了，信息匮乏陡然转变成了信息爆炸。与这突然的幸福接踵而至的是大数据时代的“杰文斯悖论”：经济学家杰文斯通过观察工业革命，认为技术进步可以提高自然资源的利用效率，结果是增加而不是减少对这种资源的需求，因为效率的改进会导致生产规模的扩大。而今，科技进步使储存数据和分析数据变得更有效率，人们会从数据中获得更多的信息，因此，数据分析、信息获取的工作规模在不断扩大。

在这之前，大家认为数据只是智力活动这个漫长过程的第一步，我们要把数据转化为信息，把信息转化为知识，最后把知识转化为智能。但数据主义者认为，数据的流动量已经大到非人所能处理，人类大脑受制于算力的障碍，于是，处理数据的工作应该交给能力远超人类大脑的电子算法。

人类之初，媒体是为了突破人体的极限，但信息反倒通过媒体奴役了人类，人类只是信息的最终载体。这类似于人类曾经以采集食物为生，但采集食物的目的在于食用来为人体提供能量，而如今人们重新以采集信体为生，但只顾着收集和存储而忘了采集的初衷，尽管这看上去有点不和谐。但这的确是一个事实。

书籍《生命中不能承受之轻》中有这样一句话：“人类一思考，上帝就发笑。”这句话广为流传，道出了作者昆德拉对生命和整个人类世界的全部感悟，因为人的自作聪明，也因为人自身的渺小和微不足道，人们思考得越多，以为越接近真理了，却发现人体不过就是自诩为智慧的高级媒体“0”或者“1”而已。

哈罗德·伊尼斯认为：传播媒介对知识在时间和空间中的传播产生了重要影响。某些媒介适合知识在时间上纵向传播，某些媒介适合信息在空间上横向传播。而什么样的媒体可以跨越时间概念呢？唯有人体。

1976 年，理查德·道金斯在其著作《自私的基因》中指出，人类只是被 DNA 奴役的媒体而已。

人体作为在这个世界上的个体生存机器，期望能够多活几十年，但基因可生存的时间，不是几十年，而是以千百万年计算的。所以，基因利用了人体的有性生殖，通过有性生殖，产生更多的几十年接着几十年的人体。在这里，基因不会被破坏，基因像钻石一样长存。此外，一个具体基因的副本就像从原始基因群中复制一部分基因一样，可以分布到整个世界。同时，这些基因副本的现代版本都有条不紊地被装入了生存机器的体内。

“就像望远镜让我们感受宇宙，显微镜让我们能够观测到微生物一样，大数据正在改变我们的生活及理解世界的方式，成为新发明和新服务的源泉，而更多的改变正蓄势待发。”这是维克托·迈尔-舍恩伯格的预言。

的确，通过大数据时代的到来，在数字时代被媒介中介的“人”得益于大数据而能进行更微观的观察，数据的目标就是把这些数字时代的人的信息和属性还原出来，人类有了数据显微镜，从而能使我们理解如今的人。

人类物种“地位”的逐级下降，媒介意识的崛起，最终两者融合形成智体。或许人体本身就是高维物种的“智体”。

最终模式“智体”

人们在试验室里发现，物质世界每创造出一个物质（质子）时，必然相伴随另一个反物质（反质子）。质子和反质子之间的数量是相同的，而且，质子和反质子相遇时，两种质子就湮灭了，等于零。随着高物质文明的发展，必然会出现一个“反物质”现象，这里我们可以猜测它是“非物质文明”。这也许能说明为什么大家对创造非物质场景的“信体”如此热衷，有多热衷大家去看看游戏《王者荣耀》便可知道。

那么继续猜测一下，一旦物质世界涉足精神世界的话，两者便相遇了。从2500年前到现在，人类社会的“精神世界”高度一直在被“物质世界”所追赶。而当两者相遇并高度相当时一切就将“湮灭归零”？或许身处于远古高级文明的人就知晓这个“终极”道理，他们采取了“降维行动”。而上文谈到的“从公元前8000年至公元前4000年”，正是这降维行动的末期。

他们是如何“降维”的呢？只保留物质世界和精神世界的最小元素：DNA和灵魂。

“藏象”二字，首见于《素问·六节藏象论》一书。藏指藏于体内的内脏，象指表现于外的生理、病理现象。藏象包括各个内脏实体及其生理活动和病理变化表现于外的各种征象。

他们降维后转化为藏象生命体，像寄生虫一样进入选定猿类的体内，从而演化出了一套能够从猿类食物中提取宇宙精气的系统，并将自己原来的触手演变成经络。这样藏象就有了两个获取宇宙精气的途径，一是从寄主食物中获取动植物截留的宇宙精气；二是由经络直接从空中吸取宇宙精气。

在银河系180亿个行星系中，假如有百分之一的星系有生命存在的可能，那么就是1.8亿；在这1.8亿个行星系中，假如有百分之一有生物，那么就是180多万；在这180万中，假如有百分之一有智慧生物，那么就是1.8万。如果算上银河外星系，数字会高得吓人。因此，“人类是宇宙独苗”的想法是幼稚可笑的。

目前来看，人类的确是宇宙的独苗，虽然我们正找寻着外星人的踪迹，但我们只能获得一些似是而非的线索。

我们看见的只是“影像”，即便是一些所谓的外星人痕迹也是物质时间影像而已，只是被锁在了一个我们叫做“宇宙”的洞穴中。

人类的理性不能认识世界的真实面目，这是康德的哲学观。 康德认为，时间、空间等概念都是人类理性的产物，不是世界本来就带有的属性。

可是人类离开了时间、空间等概念，就不可能认识任何事物。所以万物的真实面貌虽然不具备时空概念，但人类必须把自己的时空概念强加给万物（也就是歪曲了万物）之后，人类才能去认识万物。所认识到的，也只能是万物被歪曲后的结果，万物的本质是认识不到的。

第二章

营销：媒体实现意图的手段

希腊哲学家柏拉图在他的《对话录》一书中讲了这样一个故事：

假设有一群被锁在洞穴中的囚犯，他们无法扭头，他们所能看到的一切，自从他们有知觉以来所看到的一切，只是洞穴的墙壁而已。囚徒的后面有看守者和火堆，火堆正在燃烧，火和囚徒之间有供人行走的台阶，有一些人拿着各种器物和木偶在走动，火光将物品和木偶变幻不停的影像投在囚徒面前的洞壁上。

在这样的条件下，囚徒们能看到些什么呢？

囚徒们可以在洞穴的墙壁上看到他们自己的影子，也能看到操纵木偶的人投下的影子，囚徒们还可以看到操纵木偶的人举起的任何东西的影子。也就是说，囚徒看不到任何“真实”的东西，他们所能看到的一切，都是他们看不到的真实物体投下来的二维影像。

柏拉图的洞穴理论

囚徒们完全不知道这些影子的真正成因，所以他们就会将影子当作真实存在的事物。柏拉图论证道，在这种氛围下，囚徒们不可避免地误解了真实世界的外貌。囚徒们只能相信他们生活在一个二维空间之中。

囚室中的研究学家

仔细观察墙上的影子，囚室中的研究学家就会发展出一套理论，用以解释二维世界中的物体与物体是如何相互作用的。这些理论必然会有一些不自洽之处，所以囚徒学家们就会想到，能否找到某种终极理论来解释他们所观察到的这个“世界”中的一切呢，他们几乎不可能会想到这个世界实际上是三维的。即使这些囚徒中的某个人打破枷锁，纵观了整个洞穴中的一切，他也很难让他的同伴相信他所说的一切是真实的。甚至，某些人可能会取笑和嘲弄这个发现了真相的人，将他说的一切说成疯狂的想法。

可以肯定，市场营销理论不在柏拉图的思考范畴，但是他所讲述的这个寓言故事在某种层面上反映出营销理论的现状，营销学家们所描述的营销观点已经越来越远离我们的日常生活经验。

现代营销学家往往会从企业管理或是以客户为中心的角度出发，告诉我们 4P 转变为 4C，4C 融合成 1P，或者从注意力营销、社交营销、精准营销等角度来解释现象的变化，但并没有人意识到我们自身可能就处在柏拉图讲述的那些被锁住的囚徒的境地。

我们所熟知的市场营销传播业就是这样一个“影像”系统：由组织机构产生信息，投射到媒介上，再到公众舆论。

从 0 到 1 传播某个组织、机构或是公司：它是谁（姓氏名称、特征），它能做什么（给予社会或群体的价值体系是什么），它在哪里（定位是什么，在价值链中的位置在哪里）；将这些信息优化后传递给媒介等载体，通过这些媒体的映射将这些信息扩散给目标受众；为了扩大影响力，组织机构往往会提高信息的高度，或是考量媒介的扩散性、透光性及遮光性来使得“信息”通过这个“优质”

通道，也能符合这些信息制作者的传播意愿，将传播向下延伸而形成目标受众眼前的影像。

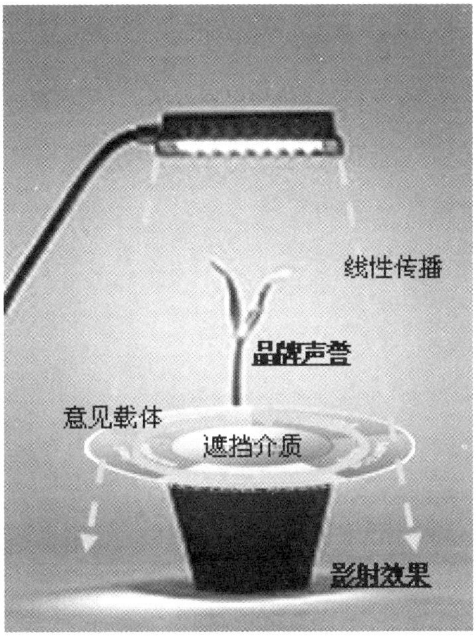

传播中信息与媒介之间的关系

正如柏拉图寓言故事所描述的“囚徒研究学家”研究他们能观察到的一切一样，营销学家在近 20 年来一直在讨论媒介变化所带来的营销影响。这个“遮挡介质”是什么形状，什么质地；“遮挡介质”之后会形成什么样的影像；通过什么样的“遮挡介质”我们便能获得预想的光圈。即便我们看到的这一切并非本质，但也只能是这样的开始……

第一条广告文案的诞生

新的一天开始，雅克罗德站到了庞贝广场的中央，虽然，此时的广场上他的听众并不多，但作为一个雅典的街头公告员也要例行工作了。雅克用洪亮和庄严的声音宣读到：

“雅典的公民，雅典接受了斯巴达人的和平条约。

虽然这是我们的一个很艰难的决定，但是，这样我们才能平息天神的盛怒，求得他的宽恕。

那些被流放的人回到了他们的家园，在笛子音乐的伴随下大家欣悦地开始拆除城墙。

因为我们相信，从这一天起，自由开始了。”

这是距今 2500 多年前，伯罗奔尼撒战争的一次政府公告。被雅克的公告所吸引，听众逐步多了起来。此时的雅克调理了一下气息，用动听而清晰的声音念道：

“为了闪亮的眼睛，为了朝霞般的脸颊，为了青春流逝后继续貌美如花，为了女人心知肚明的价格实惠，快抢购吧，埃斯可里普陀的化妆用品。”

这应该是可知的比较早的广告文案之一。当时，雅典的公告员会时不时地收到这样的命令，在宣讲过程中间插入付费的宣传内容。这在当时的雅典早已有了先例。看来广告并不是什么现代社会的产物。

广告是当时最主要的一种营销手段，古代广告的通常形式是口头传播。然而商业性质和政治竞选的广告已经在庞贝的废墟中被发现，但还不是最早的。公认的最早的广告应该是在古希腊发现的《寻奴》。

广告是一种付费交流活动，其目的在于提供信息，并且/或者游说一个或多个人而产生营销效果。

与我们之前谈到的媒体在传播中的过程相比，广告营销更像描绘了一个理想纯净的世界，甚至可以说过于纯净到反而显得不那么真实。然而，营销的真谛就是这种“不真实”，因为个体往往知道这种不真实是不存在的，但总有这样或那样的个体去向往和期盼这样一种不真实而形成群体，个体有向往成为群体中一员的本能，这源于狩猎时代成员之间的依赖性，只有在一个群体中共同协作才能存活下来。而当人们向往大的群体的时候，问题就出现了。

20 世纪 90 年代，英国牛津大学的人类学家罗宾・邓巴让一些居住在大都市的人们列出一张与其交往的所有人的名单，结果他们名单上的人数大约都是 150 名。罗宾・邓巴曾表示，大脑认知能力限制了特别物种个体社交网络的规模。邓巴根据猿猴的智力与社交网络推断，人类智力将允许人类拥有稳定社交网络的人数是 148 人。四舍五入大约是 150 人，这就是著名的“邓巴数字”——150 定律。

该定律指出：人的大脑新皮层大小有限，提供的认知能力只能使一个人维持与大约 150 个人的稳定人际关系，这一数字是人们拥有的、与自己有私人关系的朋友数量。也就是说，人们可能拥有 150 名好友，甚至更多社交网站的“好友”，但只维持与现实生活中大约 150 个人的“内部圈子”。而“内部圈子”好友在此理论中指一年至少联系一次的人。

人类基于习惯性本能驱使，扩大圈子的方式便是创造出新的媒体。所以，营销成为群体演进的过程，而群体演进的基础（起点）和结果（终点）是新媒体的出现。

轴心国时代

大约在公元前 500 年，也就是距今 2500 余年前，人类历史上突然出现了一个非常奇怪的现象：在前后不到 200 年的时间里，世界上爆炸性地产生了一批伟大的思想家，他们的出现基本框定了人类几千年的社会生活、精神文化的格局。

- 在中国：老子约生于公元前 571 年，孔子约生于公元前 551 年，墨子约生于公元前 468 年。
- 在印度：佛陀约生于公元前 623 年，还有同期出现的《五十奥义书》。
- 在波斯：琐罗亚斯德约生于公元前 660 年。
- 在古希腊：赫拉克利特生于公元前 540 年，苏格拉底生于公元前 468 年，柏拉图生于公元前 427 年。

这并不是一份完整的名单，但已经让我们震惊不已。有没有发现，上述这些人基本都生活在公元前五世纪前后不到 200 年的时间里。这份名单中的人，绝大多数都是大家知道的，可能唯一感觉比较陌生的是琐罗亚斯特。此人是古代波斯人，神秘拜火教的创始人，也有将其译为查拉图斯特拉的。尼采写过一本著名的哲学著作，书名就叫《查拉图斯特拉如是说》，假借的正是这位古波斯哲人之名。

德国思想家卡尔·雅斯贝尔斯在《历史的起源与目标》一书中第一次把公元前 500 年前后的这个时代称为“轴心时代”。

德国学者阿尔弗雷德·韦伯就曾指出，当历史的时针指向公元前 500 年前后时，几个主要文明地区产生冲击。印欧民族迁徙所至之处，对当地人民产生冲击，对生命产生新问题，与新思想产生冲突。放眼看去，整个欧亚大陆是一片“大战场”。

公元前 550 年前后，在现今伊朗的地理位置上，出现了一个庞大的帝国——第一波斯帝国。当时的波斯在大流士的统治下成为世界古代史上第一个横跨欧、亚、非三洲的大帝国。公元前 546 年，波斯帝国消灭了吕底亚，并趁机进攻位于小亚细亚的希腊城邦。其首个目标为依阿尼亚地区的各个希腊城邦，依阿尼亚地区的经济甚为发达，其政治亦为较先进的民主制。波斯国王便向依阿尼亚地区各希腊城邦提出要其改民主制为君主制的不合理要求，以找借口向希腊宣战。

此时的古希腊，由于地形的限制，许多城邦被山脉分隔，中间只有极少量的陆上交通，所以每一个城邦小国都以“天下”自居。城墙内是朋友，城墙外到处是敌人。因此在希腊本部、爱琴海的海岸和各岛屿上，一共兴起了几百个城邦。其中，雅典、斯巴达这两个城邦发展较为迅速和强大。

这场战争前后持续了将近半个世纪，战争以希腊获胜、波斯战败而宣告结束。希波战争是世界历史上第一次欧亚两洲大规模的战争。结果是希腊城邦国家和制度得以幸存下来，而波斯帝国从此一蹶不振。

公元前 6 世纪末期，在欧洲战场，波斯皇帝大流士一世一举征服了印度西北部地区。大流士一世将印度属地建为一个省，并且可能是波斯帝国人口最多、最富裕的一个省。公元前 330 年，亚历山大击败了大流士的继承人柏萨斯，并将他斩首。经过三年奋战，亚历山大攻克了整个伊朗东部地区，并继续向中亚推进，进而也侵入印度。

我们的视野继续向东便来到中国，公元前 500 年的中国，正处于东周后期至秦统一中原前这段时间，各国混战不休，故被后世称为“战国”时期（公元前 475—公元前 221 年）。

、

思维扩张的半成品

波斯在希波战争里的战败，使其对外扩张的气焰受挫，并逐渐走向衰落，最后被马其顿的亚历山大大帝所灭。而后，或许是历史的巧合，这一切都惊人地发生在公元前 200 年到公元 20 年。

公元前 200—公元前 197 年，交战双方为罗马和马其顿帝国，但此次罗马的盟友包括珀加马和罗德岛。结果是腓力五世遭受大败，马其顿失去希腊半岛、小亚细亚和色雷斯所有领土，而罗马宣布所有的希腊城邦将获得自由。这场战争标志着罗马开始大幅干涉东地中海事务，甚至最终征服整个区域。公元前 27 年，元老院授予盖乌斯·屋大维“奥古斯都”称号，罗马共和国由此进入帝国时代。安敦尼王朝皇帝图拉真在位时，罗马帝国达到极盛，经济空前繁荣，疆域也达到最大：西起西班牙、不列颠，东到幼发拉底河上游，南至非洲北部，北达莱茵河与多瑙河一带，地中海成为帝国的内海，全盛时期控制了大约 500 万平方公里的土地，是世界古代史上最大的君主制国家之一。

公元前 221 年，秦汉统一与独尊儒术。秦始皇统一中国，为在思想上统一，他除了“书同文、车同轨”，还“焚书坑儒”，各家学派“万马齐喑”。公元前 206 年，刘邦被封为汉王，之后楚汉相争，汉获胜并建立西汉，汉初在消灭异姓王和诸吕之乱后，政局趋于稳定。汉文帝、汉景帝相继休养生息，开创文景之治，汉武帝即位后攘夷拓土，被称为汉武盛世，至汉宣帝时期国力达到极盛，史称孝宣之治。公元 8 年，王莽篡汉，西汉灭亡，不久爆发绿林赤眉起义。公元 25 年，刘秀称帝，建立东汉，定都洛阳，统一天下后息兵养民，开创光武中兴。汉明帝、汉章帝沿袭轻徭薄赋开创明章之治，汉和帝继位后开创永元之隆，东汉国力达到极盛。

当我们再来回顾这一战场的纷争和最后的和平兴盛，我们发现有一种对群体的力量在推动着发展。回到公元前 500 年的战场初期，我们会看到中国版图群雄林立，一个群体和另一个群体之间的战争不断，战国时期（公元前 476—公元前 221 年）除了最著名的战国七雄（齐国、楚国、燕国、韩国、赵国、魏国、秦国），战国前期还有一些实力较小的诸侯国：中山国、越国、巴国、蜀国、宋国、鲁国、卫国等。另外还有不少少数民族分布在四周，北与西北有林胡、楼烦、东胡、仪渠，据不完全统计有 19 个国家之多。而此时的古希腊共有二百多个联邦。古印度由 16 个国家组成。反观当时的强国波斯帝国，倒是一个庞大的整体。而战争就在这期间发生，这说明了一个当时的倾向，社群关系从小的紧密关系向着更为庞大的社群关系进化。

群体：演进的副产品

小群体向大群体进化的背后潜藏着人们作为群体动物存在的集体无意识。一般来说，集体无意识的产生和形成，与神话传说、宗教巫术有关，由于一般与特定共同体生活密切相关，传播常采用口耳相传的方式，容易在传播中信息失真，而一旦超出了特定共同体这种作用便不再有效。但群体必然在这个时候希望向着更大共同体发展，所以，我们就需要建立某种普遍性的视野，能够为不同生活背景的人所接受，因此，我们就有可能在一个远远超出血缘共同体的范围内存在。

用营销角度来说，向个体和小群体来兜售群体概念的时候，集中、权威，以及大多数便成为一个默认的趋向性真理。波斯帝国的成功在于在形成大社群之前，通过琐罗亚斯德来营销一神论的理念，而波斯帝国的失败也在于没有把一神论当时的理念销售给希腊。

在社群的进化过程中，中国采用“君权神授”的儒家思想和君主专政制度，希腊的辉煌也通过“奥古斯都”的古罗马帝国来实现。当然，大家发现我们这里漏了说古印度，可以说那时的印度正在通过多神论在书写不同的历史，由于多神论宗教的神，总是有些人格成分在里面的，所以，他们往往只是秩序缔造者和守护者，能映射习俗和纲常，是一种社会潜在秩序的传统维护。这也为印度的种姓制度做了良好的铺垫。

这些思想的出现，几乎将人类以后几千年活动的原则确立了下来，如宗教的原则，人与人、人与社会、人与群体的原则。以中国为例，产生于那时的儒、道、墨三家，一直到今天依然深刻地影响着人们的思想，甚至已经内化成了一种思维方式。

群体的进化是一个由个体向群落，由群落向群体，由群体向共同体发展的过程，这种思维也一直停留在 2500 年前。兜售概念也作为思维扩张的半成品、群体演进的副产品，最终实现媒体的意图，达到媒体的目的。

《汉谟拉比法典》启示录

1901 年 12 月，伊朗西南部古城苏撒，一支由法国人和伊朗人组成的考古队正在紧张地进行着发掘工作。

“你们快来啊，这里还有一块！” 2 号组挖掘人员基亚努什 · 贾拉里冲着同胞们兴奋地喊。

早在几天前他们已经发现了两个这种黝黑黝黑的玄武石，将三块拼合起来，恰好是一个椭圆柱形的石柱。石柱两米半高，它的上方刻着两个人的浮雕像：一个坐着，右手握着一根短棍；另一个站着，双手打拱，好像在朝拜。石柱的下部刻着像箭头或钉头那样的文字，经考证，这正是用楔形文字记录的法律条文——《汉谟拉比法典》（以下简称《法典》）。

《法典》使用阿卡德语（Akkadian，最古老的闪米特语，和希伯来语及阿拉伯语同属闪米特语系），以楔形文字刻于石碑上。全文分为三部分：序、法典条款和跋。

因为石碑表面有一些毁损，所以无法确认条款的准确数目。一般认为，保存下来的条款数量是 282 条，原有条款总数不超过 300 条。在序言中，汉谟拉比陈述了他本人创下的丰功伟绩，以及如何因此成为众神的宠儿。他还解释了立法的由来，即奉马尔杜克（Marduk，众神之首）之命，为人民提供立身行事的正确引导，以确保他们的正直作为。

《汉谟拉比法典》石柱

《法典》涵盖的内容包括如下几个主要方面。

① 司法程序：如伪证、“河神”审判。

② 刑事犯罪：盗窃、抢劫、人身攻击和伤害、性侵害。

③ 婚姻家庭：婚姻缔结、女方财产处置、继承收养。

④ 经济活动：奴隶贩卖及其相关事宜、农业和灌溉、抵押、借款、不动产的买卖和出租、设备租赁和劳动雇佣、佃户和牧羊人的义务，等等。

《法典》的每一条款都遵循统一格式，即先用一个条件从句（英文通常译为一个 if 引导的从句）来描述过失或罪行的具体表现，再规定相应的惩罚，例如：

54. 如果他不能偿还这些小麦，就将他和他的财产都分发给遭受水灾之苦的其他农民。

55. 如果任何人开挖沟渠以浇灌田地，但是不小心淹没了邻居的田，则他将赔偿邻居小麦作为损失。

61. 如果一个园丁没能完成这个田地的播种栽种，则其将负全责。

109. 如果旅店主发现阴谋者，但没有将其抓获并移送法办，则店主将被处死。

《汉谟拉比法典》是迄今发现的最早的、保存最完整，也是世界上比较完备的成文法典。据说，国王汉谟拉比每天要处理的案件太多，难以应付。他就让臣下把过去的一些法律条文收集起来，再加上社会上已形成的习惯，编成一部法典，并把他刻在一个高 2.25 米的石柱上，竖立在巴比伦的神殿里。

在《汉谟拉比法典》的末尾有一句话，这也是其他法典几乎没有的：

任何受到压迫的人，都可以到正义之王的面前来申诉。王会让他知道，这部法典是有效的。汉谟拉比希望每一个人通过这部法典，知道什么是他的权利。汉谟拉比希望他们的问题都能获得解决："汉谟拉比真是爱民如子……他使人民富足，政治修明……"在未来到永远，汉谟拉比真挚希望巴比伦的每一位国君，都能重视其所镌刻的，代表正义的这部法典。

新媒介的长处，是会导致一种新群落的产生。汉谟拉比建成了一个庞大的帝国。它有共同的成文法、共同的首都、共同的历法。在法律的影响下，个人从家庭中分离了出来。

自人类出现以来，人类一直生活在亲密社群（家庭）和地方社群的结构中，就如马克思所说的："人是最名副其实的社会动物，不仅是一种合群的动物，而且是只有在社会中才能独立的动物。孤立的一个人在社会之外进行生产——这是罕见的事，偶然落到荒野中的已经内在地具有社会力量的文明人或许能做到——就像许多个人不在一起生活和彼此交谈而竟有语言发展一样，是不可思议的"。

即便是人类迎来了认知革命（远古时代）和农业革命（奴隶社会、封建社会），这个结构框架依然没有变化，只不过在表现形式上变成了核心家庭、大家庭、部落、城市等。

在这种状态下，社群的环境要远强于个体，比如，有人病了需要由家庭来照顾，有人想盖房子需要大家庭来帮忙，有人有了冲突需要部落的力量来平息；而这时的王国和帝国就会承担起更多维系这个社群结构稳定的功能，比如，制定法律使弱小的个体不至于被强大的个体毁灭，征收税用以建立军队招募工人修建公共设施。这时，王国和帝国也不会干预家庭和社群内部的事务，这些事还是会交给社群自身来处理的。

这就像《汉谟拉比法典》最后部分所表现的，"王"通过规范每个人的行为，使得每个人获得权利。以希望建立一个更为稳定的社群环境。有一个显著的标志——法制的形成，其结果是削弱了家族对个人的权力，比如，父权制。所以，可以说人和社群是同时出现的，在最初，社群力量会更强地推动人的生存与发展。

因为帝国内部的《法典》越来越严厉，个人有转向群落内部的趋势，而每一个群体的信仰和习惯不同，并且开始排斥异族异类。这样也将个体捆绑在了群落之内。

国家与民族

1776 年 7 月 4 日，费城，第二届大陆会议聚集了 66 名殖民地代表。他们在英王变本加厉地对殖民地采取镇压的措施下，需要做出一个生死攸关的决定。在这些新代表中，本杰明·富兰克林和托马斯·杰斐逊看起来已经有了决定，但这个“决定”是否能被其他殖民地代表所认同，他们并没有十足的把握。

“上帝保佑。”年仅 33 岁的托马斯·杰斐逊默念完这句话，站起身来，径直向台上走去，他的手中紧握着近两个月来他与马萨诸塞州的约翰·亚当斯、宾夕法尼亚州的本杰明·富兰克林、纽约州的罗伯特·李文斯顿、康涅狄格州的罗杰·谢尔曼共同聚集起草的一纸决心，而这份决心对于当时的十三州来说更是一个共同的契约，他们约定共建一个自由独立的国家，约定“一切人，生而平等”。

“……在有关人类事务的发展过程中，当一个民族必须解除其和另一个民族之间的政治联系，并在世界各国之间依照自然法则和自然之造物主的意旨，接受独立和平等的地位时，出于人类舆论的尊重，必须把他们不得不独立的原因予以宣布。

我们认为下面这些真理是不言而喻的：人人生而平等，造物者赋予他们若干不可剥夺的权利，其中包括生命权、自由权和追求幸福的权利……”

——《独立宣言》

1776 年 7 月 4 日，第二届大陆会议通过并且发布了《独立宣言》，正式宣布北美 13 个殖民地断绝与英国的隶属关系，从此独立，并成立“美利坚合众国”。该宣言宣称“人生而平等”，肯定了人民追求自由和幸福的权利。

《独立宣言》的发表对发动群众进行独立战起了重大作用。因为，大家都愿意去遵循这个伟大的契约：人人生而平等、人具有不可剥夺的生命、自由和追求幸福的权利。

“契约”一词源于拉丁文，在拉丁文中的原义为交易，其本质是一种契约自由的理念。所谓契约精神是指存在于商品经济社会，而由此派生的契约关系与内在的原则，是一种自由、平等、守信的精神。

成功地建立起城市、王国和帝国，其实的确需要这种“契约”的虚构能力，由于相信着相同的神话或故事，陌生人也能成功合作。任何大规模的人类团体——现代国家、现代城市——都基于共同的虚构故事而建立。

从这个角度来看，《独立宣言》无疑是人类历史上最成功的营销案例之一。而我们宏观来理解营销便是制造契约精神在时间和空间维度上的影响力。

IN CONGRESS, JULY 4, 1776.

The unanimous Declaration of the thirteen united States of America.

《独立宣言》原稿

契约精神源远流长，最早可追溯到古希腊，亚里士多德的思想对后世的契约理论影响深刻。亚里士多德在伦理学中关于正义的论述，蕴含着丰富的契约思想，亚氏提出交换正义的概念。交换正义是人们进行交易的行为准则。不得损人利己是交换正义的基本原则，现代契约精神是从自愿交易理论推演而来的。等价交换原则便是在适当的时间以适当的数量对适当对象施行财物上的给予，恪守允诺。

民族/国家如何才能说服数百万名新解放的个体为了民族/国家而放弃他们的一些自主和自由呢？答案就是谱写一篇有关共同历史的有说服力的故事，一定要有足够的吸引力，能够满足人们的想象力，让人们相信自己与其他国民具有共同的身份和共同的命运。

据说，意大利在 1861 年实现统一后，皮埃蒙特地区的前首相马西莫达阿泽利奥曾说：“我们已经创造了意大利，如今我们得创造意大利人。”今天，民族不得不建立一幅强有力的新图景——一个民族共享着高贵的过去，并注定将走向伟大的未来。

人类个体开始将自己视为国家的公民，将国家视为一个虚构的大家庭，将其他公民视为这个大家庭的成员。每个国家都创造了自己的历史叙事，包括重大事件、具有历史意义的斗争。

公司，一个建立在故事上的组织

1896 年，有一个叫阿尔芒·标致的人决定进军汽车业，那时这算是一个全新而具有风险的行业，他不想拿自己的金钱和地位冒险，所以他决定建立一个有限责任公司。为了创立新公司，阿尔芒·标致在构建商业群体时创造了一类只存在于想象中的东西，他讲了一个故事，并说服所有人都相信这个故事。

120 年后的今天，标致雇员共有 20 万人，其中大部分互不相识，这 20 万陌生人高效地合作，使得标致每年制造 150 万辆汽车，创下数十亿欧元的收益。标致是什么？很显然，标致不是它的产品，不是它的员工，不是它的管理层，甚至不是它的所有人——股东，即使这些全被摧毁或替换了，标致依然存在，但只要一个法官宣布几个带魔法的词，比如“破产”“违法”“解散”，标致公司可能立刻就消失了。

标致到底是什么？我们怎么才能说它是存在的？标致是一个杜撰的故事，它只存在于我们的想象里，它属于一种特定的建立在与 20 万人共同“契约”上而虚构的事物——有限责任公司。今天，公司是个虚构的法律实体，它能够拥有财产、借贷、雇用员工。

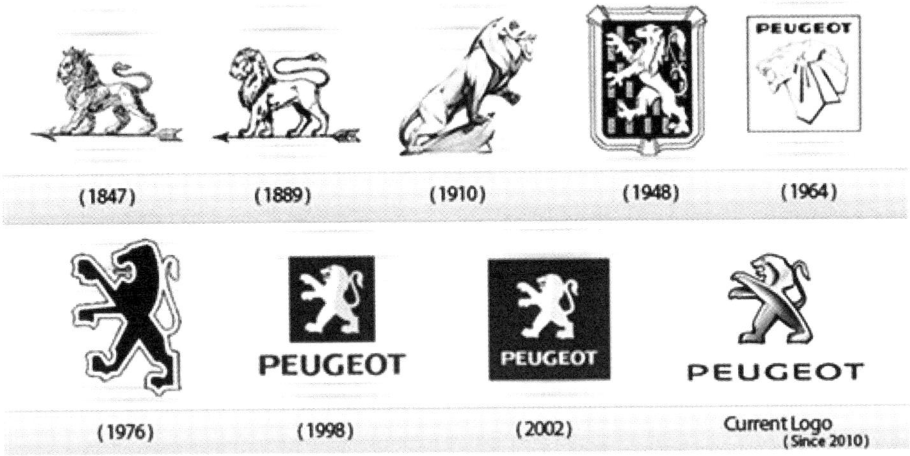

标志 Logo 的变化历程

有限责任公司是为了促进贸易吗？非也！早在罗马帝国时代，不列颠岛上的人能够买到中国的丝织品，罗马也反过来向东方出口。越南就曾发现过古罗马的钱币。日本奈良的东大寺建于公元 752 年，寺庙中便有来自拜占庭帝国的玻璃制品。那么，公司在 19 世纪末出现又是为什么呢？其实，中世纪的工匠发现，如果他们组织到一起形成行会，会给自己带来若干好处。行会对自己的成员起到了防范外来盘剥的保护作用，还能在行业中硬性规定薪酬标准，保障了立契人的权益。群体中的个体形成利益共同体来获利是公司形成的起点也是终点。

阿尔芒·标致自编自导自演了这个 1869 年的“契约”故事。如果放在今天的话，成功概率就没有那么高了。我们翻开历史便可以知道法国标致公司的有限责任公司模式是在当时法国政府的法律支持下才得以完成的，那时虽然第二次工业革命刚刚开始，但市场还是一个弱势的状态，所以，在这个市场和个人都相对弱势的时代，营销工作在于将企业的“契约精神”表现出来。

“市场”隐形社群催化剂

北京朝阳区世贸天阶的一个高端公寓中，倩倩正摇晃着红酒杯看着她的 iPhone X。从这幅画面中你能判断她是内向还是外向吗？她的兴趣爱好是什么吗？当然不能。因为，一个人在一个屋子里面的时候是无法表现她的全貌的。

吴倩倩，女，37 岁，营销公司中层。“我工资不高，但养活自己绰绰有余，跟朋友逛街喝茶也应付得来。虽然没有对象，但有关系不错的男闺密。”

经济上的独立，使个体能依靠自己而不一定得依靠婚姻的“合力”来应对问题，婚姻显得不再那么必需和急迫。一些社会学家通过统计和观察表明，如今，适婚人群的结婚率越来越低。对于北欧的年轻人来说，婚姻似乎已是可有可无的一件非必需品，这种趋势也开始“蔓延”到了西欧、东欧及北美等地区，甚至逐渐形成了全球性的不结婚现象。

工业革命带来了更有活力的市场，一切发生了变化。在现代社会中，“市场”简直成了人的衣食父母。市场为人们提供了工作、教育、医疗、保险和养老金。想做生意可以去银行找贷款，想盖房子可以去找建筑公司，想换个口味吃顿晚餐，更有比比皆是的各类餐厅供选择。于是在人类享受“市场”带来的愉悦的同时，社群的影响力正在变弱。人类借助市场的力量使得个体的力量越来越强。而今群体最小的单元体“家庭”正在发生着变化。

以中国为例，调研显示，20 世纪 50 年代以前，家庭户平均人数基本上保持在 5.3 人的水平上。新中国成立后，随着经济社会发展和人口变化，家庭户平均人数规模开始缩小。《中国家庭发展报告》显示，20 世纪 80 年代以来，家庭户平均规模缩小的趋势更加显著，1990 年缩减到 3.96 人，2010 年缩减到 3.10 人。根据国家统计局的数据，2012 年居民家庭户的平均规模为 3.02 人。中国已是平均家庭规模较小的国家。

21 世纪以来，中国 1 人户和 2 人户的微型家庭数量迅速增加。2000 年至 2010 年，1 人户数量翻倍，2 人户数量增加 68%。2000 年这两类家庭户占全部家庭户的 1/4，到 2010 年已接近 40%，共计 1.6 亿户。在未来，微型家庭数量将继续保持快速增长的势头，平均家庭规模将会进一步缩小。

市场力量的出现正在让家庭这种人类社会的基本社群结构单元面临崩溃，这是不是意味着个体将从群体中脱离出来从而产生群体的消亡趋势呢？早在 1998 年，互联网出现时，史蒂芬·琼斯及其他学者讨论了其社会影响，并将其视为社群重构的模式。自然的集体聚合的社群概念将会被扩充，互联网会将人类带回更纯粹的社群生活。

尽管传统思想一直告诫我们，独自生活将导致孤独与孤立。然而，通过对三百多名不同年龄和阶层的男女所做的深度访谈，纽约大学社会学教授艾里克·克里南伯格在他的著作《单身社会》中向我们揭示：绝大多数单身者正热忱地投身社会与社交生活中，他们比同龄已婚人士更热衷于外出就餐、锻炼身体，参与艺术及音乐课程、公众活动、演讲和公益活动。同时，克里南伯格也得出结论：在如今这个媒体无处不在、人与人高度紧密相连的社会中，独自生活令我们更好地了解自己，以及更懂得享受伴侣的陪伴，单身社会，正成为一次空前强大、无可避免的社会变革。

换句话说，媒介技术给社群带来了一种新的组织方式：过去需要认识彼此，但现在只要志同道合就行。我们把这种新的社群取名为“情境社群”。但值得说明的是，这种“情境社群”不是因为媒介技术的出现而产生的，之前就有如“民族自豪感”，在国难危急的时刻无论你我身在何处，无论你我个人间的隔阂有多大，无论你我是否认识彼此，我们都会为“民族”这个信念做出一份努力。

如今的媒介技术使得这种“情境社群”更容易组织。并且，这种“情境社群”之前对于人们来说是一种弱需求，但市场人员通过制造市场想象力，将其转化为强需求，并弥补情感的空缺。听上去不可思议，但例子比比皆是，消费者彼此不认识，但有相同的消费习惯和兴趣。如果你们都是周杰伦的歌迷，会不约而同地购买他的 CD、演唱会门票、他穿着的服饰、他推荐的品牌，甚至是他的处世观点；当然，恒大球迷、素食主义、丁克一族也在这个范畴内。社群所能带来的人性、情感或是亲密感是市场无法赋予的。

习惯还是本能

上古时期人们都以部落为单位，没有家庭观念，母系社会连父亲是谁都不知道，因为资源匮乏人类必须以部落为单位才能生存下去，通过集体的力量积累财富，人类创造了数字和文字。人类形成的群体也由小向大逐步发展，而由于地缘和血缘的关系，不同群体呈现出相对的强弱关系，这就造成了剥夺和纷争。

直到共同信仰作为一个媒介形式来主导人们的思维，使得群体中的每个个体意识暂时获得一致性，因为，群体是动态的，永远处于蜕变的状态。生产力进一步提高，国家/民族的职能变得更为明确，天灾人祸有国家救济，灵魂信仰有民族依托。工业革命之后，人们不仅仅期望于填饱肚子，更期待改善生活的物质需求，于是公司这个共同体产生了。

从群体的角度来说，“市场这个无形的手”作用是极大也是极小的，极大在于市场是社会群体资源的主要配置者，优化了社会分工，人们也享受市场带来的物质世界的繁荣；极小在于市场本身已经是一个庞大的群体，个体需要做的只是选择性地加入或是退出，对群体的存在不会有任何影响。

而我们必须正视一个问题：如果群体解决的是个体生存问题，那当生存问题解决了之后，群体还有存在的必要吗？我想如果我们的回答是需要，那我可以说人对社群的需求是一种习惯，而不是本能。

的确不可否认，人类在早期与大自然的博弈中势单力孤，需要通过群体合作来获得生存下去的可能。而长此以往，“群体”这个概念被代代相传。

在早期，物质相对富足起来的罗马人发明了“sexus”（性）一词，其拉丁词根大概是“secare”（切割）。文明在男女身上产生的影响大概就是男女分割。在欧洲中世纪，出生人口的争夺使得资源相对匮乏，男女两性的分离比较少。例如，人们并不渴望个人隐私，住房里没有走廊，卧室既是过道，也是睡觉的地方，孩子、亲戚和客人在一对对的夫妻之间穿行。

直到文艺复兴和欧洲工业革命的兴起，人们从观念上也接纳了“个体”的存在，同时，在能力上也获得了生存技能，人们对个体的向往超过对群体的向往。

我们不妨设想，人类是不是也可能在不存在任何计划或意向的情况下，形成类似的形态。许多动物会聚成群体一起运动，而且往往是出自十分明显的具体原因。如果不是为了生存，那会是什么呢?

美国作家哈罗德·伊罗生在《群氓之族》一书中指出：“人类之所以需要别人的与社会的认同，很重要的一个因素就是，想要与众不同。”

然而，人们也意识到一旦人人都力图随心所欲地压倒四邻，就会导致如下的结局：秩序无法存在，地貌的知识、时间的记载、艺术、文学、社会等都将不存在。最糟糕的是人们会不断处于暴力与死亡的恐惧和危险中，人的生活孤独、贫困、卑污、残忍而短寿。

群体、媒体与营销

人类一直在个体和群体之间寻找着平衡，群体不断地演化，每一个进展都由新技术介入驱动，营销也由此而生。以下我们用一张图来更形象地描述群体、媒体和营销之间的关系。

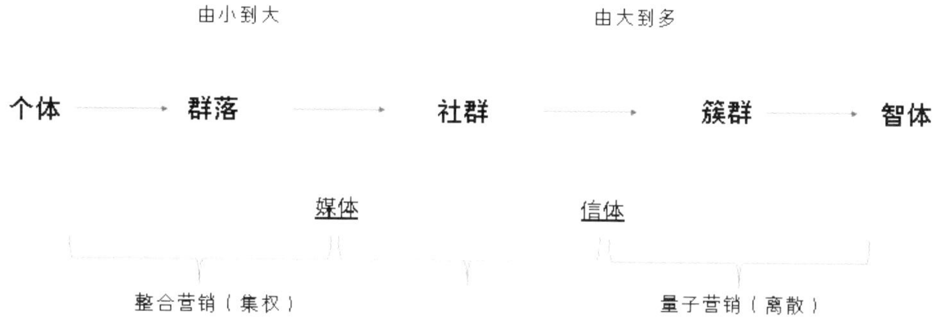

群体进化与媒体、营销的关系

如上图所示，第一阶段，是从小到大的一个过程，个体由于生存的需要，向群落和社群演变，社群和社群之间为了争夺硬资源、能源与其他原料，冲突已经日形尖锐；另外，社群的自我认知、评价和取向跟外在的认知、评价和取向出现落差，受到族群认同这种软材料的撩拨、塑造与滋养，冲突更是一触即发。

社群间的相互关系不断被改写，分崩离析之后重新组建，重建之后的社群具有更大的社群凝聚力，并且通过长年累月的积累，凝聚力把这个社群聚合成为一个更为浓缩的集合体，而这时的集合体也在不断地使用当时的新媒体，来帮助这个集合体由小变大地转变，让更多小的集合体逐步向这个具有凝聚力的集合体进行中心化演化。

第二阶段，是从大到多的一个过程：互联网技术的到来，媒体转变成了信体，社群不单是个体的集合属性，也是为满足更多的个体需要而形成的簇群，簇群和簇群之间，通过技术也成功地把人们关注的硬资源转移到软资源的获得方面，如社交、娱乐、文化、游戏等，所以在宽泛意义上不存在激烈的竞争关系，群体的进化由“大”转向“多”，至少不是以前那种唯我独尊的“大”。

第三阶段：人类和媒介融合形成智体，智体融合在各种簇体之中，而簇体和簇体之间又彼此联系形成一个整体，个体在群体中表现得比过去更集中，也更扩散，人类的群体概念终将基于“理性”与“信念”发现“人类一体”。所以，智体也是群体的最终形态。在智体的各种集合中，个体、群体的需求都可以被满足，并且获得平衡。新多元主义的群体体系孕育而生。

说回营销，第一阶段，群体的演化由大变小，孕育了整合营销的强势；第二阶段，社交营销由此兴起；第三阶段，应该是智体时代的到来。

第三章

量子猜想

乌干达首都坎帕拉，下午六点钟，摩托大军开始驶出城区，往郊区行进。这是在城市打工的人们晚上赶着回家呢，像极了中国1980年代的社会生活场景。

但Julius并没有下班，他戴着棒球帽，耳朵里塞着耳机，骑着摩托车向恩德培机场驶去。Julius刚高中毕业，是一个充满活力的年轻人，他最大的爱好就是拍自拍，然后发到Facebook主页上，获得姑娘们的点赞。

拐弯向南驶入机场高速，远处飘着谷歌气球。Julius估摸着还有十分钟就能到机场。这时，他的WhatsApp响起来了。

自从Julius有了固定的收入之后，他每天都在WhatsApp上跟远在英国打工的女友聊天。当然，他的老板Mosh也更容易找到他。

“Hi，怎么样了，Julius？”

“老板，很好，我刚刚把样品取了，现在正在去机场的路上，快到了。”

“嗯，很好！还有20分钟中国客人就到。”

“是的，我马上就到。”

听到这个，Julius不由自主地踩了脚油门。

对于乌干达的普通人来说，网络应用只有两个：FaceBook和WhatsApp，他们不太知道Google Play Store。谷歌气球项目在非洲的覆盖让偏远地区的居民能够上网，这些气球在1万多米的高空接收4G信号，从而连成一个低成本的通信网络。于是，乌干达运营商在2016年年底纷纷推出了移动业务的套餐，套餐包含每天20M的流量，大约需花费人民币2元钱，比之前的包月方式（每月1G流量，人民币60元）更受当地人欢迎。所以，对于有固定收入的坎帕拉市民来说还是可以接受的。虽然，坎帕拉的平均薪水在1000元人民币以下。

乌干达过去由于管理不善，是非洲最贫困的国家之一，而现在它正慢慢发展着，也吸引着无数的海外投资者。在非洲的大多数国家，与计算机网络不同，移动互联网正迅速且广泛地被认可，网络的渗透以较低但稳定的速度发展。截至

2016 年年底，乌干达手机移动网络的使用人数超过 1300 万，而这占据了总人口的 23%。手机网络的便捷性使得人们可以通过 Facebook 和 Twitter 等软件进行社交，移动互联网的用户迅速增加。

2017 年 6 月，联合国发布最新统计数据表明，世界人口已达 75 亿，而与此同时，全世界的手机用户也已经达到了惊人的 50 亿，渗透率高达 67%，这可是与牙刷的渗透率几乎相等的数字。

虚拟社区网络之父霍华德·莱茵戈德早在 2002 年就直言过对于网络技术的推崇，他认为尤其是移动互联网络技术扩大了人类协作的能力。与计算机相比，手机是更为私人的通信设备，它保持了一对一的对话而非群际交流。在原则上，手机是为一对一的语音通话而设计的，之后，也支持同样是二元交互模式的文字信息传播。在使用人数、交流频度和使用者将其作为社交工具的重要性的角度来看，手机超越了个人电脑。

被中断的一代

诺曼·洛克威尔是美国 20 世纪早期知名的插画家。在第二次世界大战期间，诺曼用七个月时间完成了《四大自由》的系列画作，体重也因此下降了 13 斤。此系列画作是根据美国总统罗斯福的全球人权演说而作的：人有四种自由，分别是言论自由、信仰自由、免于匮乏的自由、免于恐惧的自由。该系列的画作在 1943 年由周六晚报出版，美国财政部随后在 16 个城市举行了原画作的巡回展，以推销美国战争公债。

下面这张画就是该系列中的一幅作品——《家庭聚会》——老妈妈准备了丰盛的午餐，一家人正在愉快地交谈着。

诺曼·洛克威尔的画作《家庭聚会》

秦天宇是 21 世纪的一名普通公司白领，一向喜欢参加各种聚会。“现在完全没有以前热闹了，人人捧着个手机，互相交换微博信息、加微信什么的。要么就是在闷头玩游戏。”秦天宇抱怨如果再这样下去，聚会就失去了它的意义。于是插画大师马特·沃克创作了下面这幅卡通作品。同样的聚会场景，但并没有彼此间的沟通，而是用移动终端在各自的渠道中与其好友进行互动。

马特·沃克的作品《家庭聚会》

有数据显示，55.2%的用户每天打开微信超过 10 次，25%的用户每天打开超过 30 次。不仅如此，接近一半活跃用户拥有超过 100 位微信好友，互动频率非常之高，用户黏性很大。除此之外，我们还知道有 QQ、新浪微博、支付宝等，人类正在被各种各样的媒介平台所包围。

人类正处于一个“充满被媒体中介的时代”，随时被打断，时间碎片化越来越严重。美国加州大学欧文分校的信息学教授格洛里亚・马克带着她的研究生在两个美国的科技公司对那里的员工做了一千小时的观察。他们发现，办公室里的员工平均每 11 分钟就会被电话、电子邮件或同事打扰一次，而他们的注意力重新回到早先的任务上则需要 25 分钟之久。

这些数字让人困惑：如此一来，人们如何能把工作做完呢？英国的随笔作家比科・伊耶更是由此引申说：“这意味着我们永远追不上我们的生活。”

“我们正处于一个‘充满中断的时代’，移动设备增值并一直处于运行状态，随时能被打断，观看者时间的碎片化越来越强。”南加州大学马歇尔商学院的访问研究员詹姆斯・肖特这样说。

研究持续被打断对人所产生的影响，甚至形成了一个科学领域，叫“中断科学”（Interruption Science）。其中一个常被提及的发现是，在做事情的同时又忙于回邮件的人，其 IQ 会下降 10 点。

2016 微软公司在加拿大开展了一项研究，人的注意力持续时间从 2000 年的 12 秒，减少到 2016 年的 8 秒，还不如一头鲸鱼。

在这个时代，人们被媒体中介得越加分化，人类社会的科技越来越全球化，政治却越来越部落化；人类的传播系统越来越普及化，对于该传播哪些东西却知道得越来越少；人类离其他的行星越来越近，对自己这颗行星上的同类却越来越不能容忍；活在分裂之中，人类越来越得不到尊严，却越来越趋于分裂。人类社会正把自己撕裂，撕裂成越来越小的碎片。

拼凑的完整

媒介的发展，让我们意识到人被媒体中介这个事实，而人性唯有在不被中介的自然状态下才是最真实自然的状态。但也有人认为，媒介是人类的延伸，更能体现人性的主观性，比如“摄影技术就是人类认为有些画面适合被大脑所记住而出现的一种媒介技术，这难道不是在表现更本源的人性吗？”

MIT 教授雪莉·特克尔在 2011 年社交媒体刚刚兴起时就表示，社交媒体和终端科技综合发展，人性终将失落，但人曾经的社会性将更加真实。如今人们回到家中就登录各自的微信，而不是坐在一起看电视了。表面上看我们不再进行面对面的社交了，看上去没有表现出社交中的体现自我（真实的自我），但人类的社会性是否终结了呢？恰恰相反，人类被媒体中介着，人们通过终端科技正在与一个又一个的社群进行互动，从交互形式上看，微信的社会性远远胜于电视机。也就是说，媒体朝着多元化的方向发展，更多媒体平台使得人会更加主动地选择平台来表达个性。

社交媒体在人和人的连接上起到结交朋友、维系感情、优化工作的作用，也有恶化关系的可能。这正是我们观察到的，数字把这些场景和人虚拟起来，变得更抽象、更去地域化、更廉价，也更加有效、更加接近于传播属性。而且，每个媒体都拥有了这个媒体的属性，如微博的新闻性、微信的圈子性、陌陌的临时性，这些媒体的自有属性加载着个人的人性，表现出来的效果甚至超越了每个人的本性，并且还能表现出多样性。

早在 2009 年专家学者在对俄罗斯聊天室的研究中发现，那些网络聊天平台上的头像，不仅仅表现了这些玩家在现实生活中的性格特点，而且，只有在网上，这些俄罗斯玩家感觉到，或许也是第一次感觉到，能够更充分地表达自己的灵魂与热情。在网上的自我可以带出那个真实的自我，而这在曾经仅仅在线下的世界中是被束缚的。

在人类生活中的各个面相、各种视框、不同领域中，人类都拥有一样的人性。其中每一个角度都展现了人性，从而让我们更加理解人的意义。因此，今天的社群在新媒体形态下更突显出“人性”的一面。我们知道马斯洛的层次需求理论，人在解决基本温饱问题之后，便要向精神世界迈进了。

个体的群体性，群体的个体性

社交网站从其设计概念上看，用于拓展更为广泛的社会关系，而即便是在这样的平台上，最近的研究数据也表明，密集的互动行为只集中在数量非常有限的好友之间。甚至在社交网站上，一对一的交互对话，也仅限于很小的群体之中，而人们往往还会将其他不同的媒介方式追加于这一小群人之上。

Ito 与 Okabe 的研究描述了日本青少年如何在互传短信中体验一种永久的双向意识。在对卢旺达小商贩手机使用的研究中发现，超过三分之二的电话与短信发生在与家人和朋友的互动上。这表明了手机的社交功能和私人性，证实了绝大多数的电话与短信都只存在于亲密的家庭成员及朋友之间，这正凸显了 Ling 所称的“有限的团结”。

关系越紧密的联系人，会采用越多的传播渠道来保持联系。远程的弱联结往往只维系于单一的媒介，而这单一的媒介一旦被切断，便意味着关系的断绝。新媒介传播途径的扩增，其主要影响并不必然是新的社会联结的扩增，而是已有的少数亲密关系的联结增强。多元传播途径的丰富性，有效满足了那些高度的亲密关系中所存在的丰富的社会联结形态。

最初的数码传播被认为是社区重生与新的广泛的社会协作的催生力量，然而看似荒谬的是，以上这些研究似乎对数码传播的讨论导向了一个不同的方向，从最初的欣喜转向忧虑：一部分社会科学家开始研究“数码中介的传播将导致个人化”。一直以来，学界都在探讨，人类社会性的演化是否会导致社会凝聚力的减低和公共参与度的下降。

Maria 是众多在伦敦从事家政服务的中年菲律宾女性中的一位，她大多时候住在伦敦和剑桥，但大多数人的孩子留在菲律宾。一项调查显示，在过去的 11 年中，她们平均只和她们的孩子相聚 23.9 周。对于这些“Maria”们来说，她们属于伦敦从事家政服务群体中的一员，同时他们还是一位菲律宾母亲，而扮演这个角色的好坏程度几乎完全取决于她们如何使用新媒体和她们的孩子保持联系。正如人们在工作中给家人打电话，表明了即便在一个高度规制与限制的场中，人们依然可以饰演不同的社会角色，处理不同的社会关系。中介传播中的多元社会关系，可以共存于不同的社会空间中。

新媒体的出现，使得我们可以把自己关进手机，排除在场的其他个体，以营造出一种封闭的私人对话空间。同时也可以使用手机将自己从在场的环境中剥离，而去维系更为亲密的稳定社群关系。移动互联网让人们加强了链接，因此形成了群体性，同时也让人们在不同的媒体渠道中表达着个体的人性。

人出于习惯向往社群，人需要社交、需要群体认可；人出于本能也向往独处，需要自在自利，需要独立思考，需要获得个人价值实现；在社群中人们的协作是为了创造资源价值，在这个基础上才可以享受个体的自在自利，而这种自在自利也会受到社群的制约。

于是，我们形成了一个思维定式：为了享受自在自利，我们需要社群协作。这也是社群合作的智慧与个体自利的本能，两者之间的竞合关系。人类就是一种存在于这种竞合关系中（群体+个体）的矛盾体。只是，这个互联网时代让人的群体性和个体性都得到了发挥和彰显而已。

社群的波粒二象性

在 1807 年，托马斯·杨总结出版了他的《自然哲学讲义》一书，里面综合整理了他在光学方面的成果，他在这本书中第一次描述了双缝实验：把一支蜡烛放在一张开了一个小孔的纸前面，这样就形成了一个点光源（从一个点发出的光源）。现在在纸后面再放一张纸，不同的是第二张纸上开了两道平行的狭缝。从小孔中射出的光穿过两道狭缝投到屏幕上，就会形成一系列明暗交替的条纹，这就是现在众人皆知的双缝干涉条纹。

今天，双缝干涉现象写进了我们的物理教科书之中，被评价为人类历史上一个伟大的发现。但是，当时托马斯·杨的日子并不好过，因为那还是个微粒说一统天下的年代，托马斯·杨的论文开始受尽了权威们的嘲笑和讽刺，在发表后的 20 年间竟无人问津。托马斯·杨为了反驳微粒说专门撰写了论文，却无处发表，只好印成小册子。但是据说发行后“只卖出了一本”。

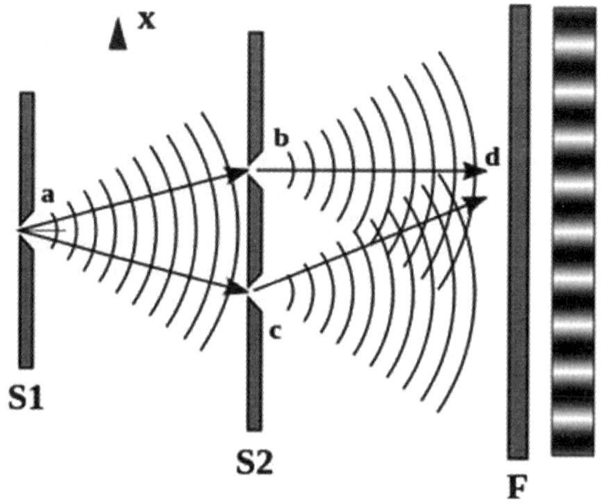

双孔实验

直到 1905 年，年仅 26 岁的爱因斯坦在《物理年报》上发表了题为《关于光的产生和转化的一个推测性观点》的论文，他认为对于时间的平均值，光表现为波动性；对于时间的瞬间值，光表现为粒子性。他将光束描述为一群离散的量子，现称为光子，而不是连续性波动。这是历史上第一次揭示微观客体波动性和粒子性的统一，即波粒二象性。物理学者开始意识到光波具有波动和粒子的双重性质。这一科学理论最终得到了学术界的广泛认可。爱因斯坦也因为“光的波粒二象性”这一成就而获得了 1921 年的诺贝尔物理学奖。

1924 年，路易·德布罗意提出“物质波”假说，他主张“一切物质”都具有波粒二象性，即具有波动和粒子的双重性质。在新的事实与理论面前，光的波动说与微粒说这场时隔三个世纪的学术之争，以“光具有波粒二象性”而落下了帷幕。即：光既是一种波，也是一种粒子！

人类对于光的波动说与微粒说之争如此之久，有一个原因在于这个理论反直觉。1803 年，英国政治家布鲁厄姆的在批评双缝干涉时就指出这是“不合逻辑的”“荒谬的”。

丹麦物理学家 N.波尔是这么解释波粒二象性的：电子既是一种粒子，也是一种波，它具有波粒二重性。但在每一个特定的时刻，电子不可能既是粒子又是波，而只能是其中的一种。它到底会是粒子还是波，这取决于是否有人观察它，当没人观察它时，它就是波，而一旦有人观察它，它就变成了粒子。

“就像望远镜让我们感受宇宙，显微镜让我们观测微生物一样，大数据正在改变我们的生活及理解世界的方式，成为新发明和新服务的源泉，而更多的改变蓄势待发。”这是维克托·迈尔-舍恩伯格的预言。大数据时代的到来，在数字时代被媒介中介的“人”得益于大数据而能进行更微观的观察，数据的目标就是把这些数字时代的人的信息和属性还原出来，人类有了数据显微镜，从而我们理解了如今的人。

我们回忆一下上一节的内容：

“人类社会正把自己撕裂，撕裂成越来越小的碎片”；

“中介传播中的多元社会关系，可以共存于不同的社会空间中”；

“把自己关进手机中，以营造出一种封闭的私人对话空间。用手机将自己从在场的环境中剥离，而去维系更为亲密的稳定社群关系”；

“个体自私是内心的本能，群体合作是习惯的智慧，两者存在于人这个矛盾体之中”；

“互联网时代让人群体性和个体性都得到了发挥和彰显”。

设想一下，如果一个人在独处的时候，在不被观察的情况下，他更多地表现成一个个体，而当在人群中时，他将习惯地作为群体中的一员而存在。

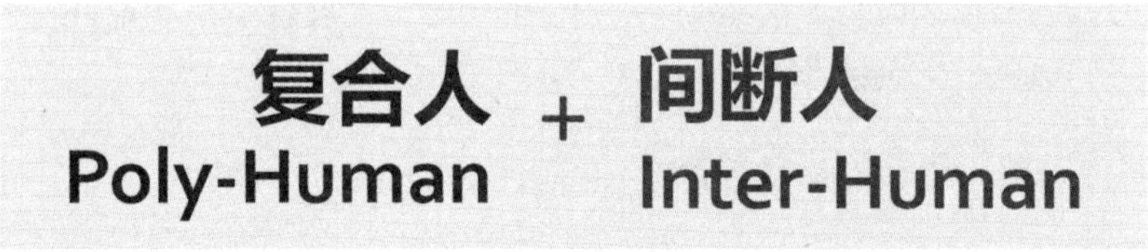

复合人+间断人

在今天的世界中，人类和媒体的相互作用，表现出从信体到智体过渡阶段的波粒二象性：①个体性—粒子性；②群体性—波动性。

在数据时代的微观展示下，“人”作为客体的波动性和粒子性的对立统一，以形成“人的波粒二象性”。在这种环境中，人将更加独立地存在，更加复合地生存。基于这种基本环境我们可以做出以下一些对人和社群的预测。

（1）人将更加“个体”地存在，同时也更加“社群”地生存。人将更多地被中介，媒介将越来越复杂且具有个性，人将存在更多的假象。远离介质这种特质的人群我们称为“个体”，而多人通过网络连接在一起的人我们叫“群体”。在进化的过程中，人与人连接在一起，连接得越来越紧密，速度越来越快，广度、深度与丰满度越来越强。在任何时候，任何地方，任何事情都在这条进化的路径中被连接起来，突破了时空的边界。连接成为整个人类的生存状态。

（2）人将更多地以社群方式存在而不是社交方式。物理意义的社群概念将变小，虚拟意义的社群概念将变大，弱关系的作用将胜于强关系的作用。这也是一种碎片化之下的真正社会含义，这就是在“聚众”的背后新的“分众”的需求。

（3）在这个社群中出现一个与以往不同的现象，“人的力量”和“社群的力量”不再是此消彼长，而是都到达强势状态。

从 1.0 到 4.0

人存在波粒二象性，但这又和我们今天要谈的营销有什么关系呢？这里我们先不着急解释，先来回顾一下经典管理理论中价值产生的整个过程，营销的过程是传递价值实现的过程，价值实现是建立在选择价值和提供价值的基础上的。

企业管理中价值实现的过程

大规模工业化时代，许多企业一直忙于“质量功能部署”“企业过程再造”“节约成本”，因为，在这个时期供大于求，企业需要的是针对核心用户高效地创造出需求，然后，营销只需要把信息传递给核心用户就大功告成了。

第一阶段：营销 1.0

福特汽车公司的“只要是黑的便是好的”理念出自其所阐述的经营哲学。在当时工业大生产阶段，资源获取的方式更多依赖于报酬递增方式，企业有投入就有产出。所以，企业的规模、经验、经历越多，单个产品的成本也就越少，投入和产出之间成正比关系，有产量就有销量，有销量就能获得报酬差，这是这一时期企业商业模式的基本状态，因此产量成为这一时期企业追逐的目标，可以说这一时期的规模化生产成为资源获取及优化的最好方式。

这时的营销只需要研究核心人群所表达出的“貌似共性的需求”，我们就可以把这个需求放大，给到其他人群，并不断地重复说：“真的，这就是你的需求!”简单来说，在这个时期，企业对个体性视而不见，而是从群体性角度出发，集中优势资源，大规模投入以获得竞争优势。

第二阶段：营销 2.0

在我国，20 世纪 80 年代中期后，市场处于一种饥渴状态，这时企业以产品导向为主，企业只需要在生产过程中降低成本、提高质量，推出更多更便宜的产品来占领市场。

而在 2000 年前后，在产品逐渐趋于同质化的时候，此时用户需求已被企业关注。此时的企业价值实现流程是发起于客户端的，这也使得消费行为的分析更为重要。客户关系系统、呼叫中心、客户数据库等随之建立。

信息技术的出现使得我们可以拥有海量的数据库并进行有序分析，从而辨析消费行为来选择合理、经济的传递渠道以实现价值。

同时，在这种市场出现选择性需求的形势下，营销人员开始谈及“以客户为中心”，试图从客户角度出发设计产品、制定价格、促进销量。但坦率地说，从企业运营角度来“以客户为中心”在那个时代是一个“伪命题”。因为，企业经营模式就在于通过组织工人分工协作，通过大规模生产降低成本、获得差价，我们可以设想当企业面对千万个用户需求的时候，不可能一一满足，企业和客户永远都不可能完全站在同一角度看需求。企业能做的便是通过营销制作信息“噪声”，把这些并不需要的产品包装成生活的必需品，制造这种以客户为中心的“假象”。这时，营销的主要任务并不是来满足用户需求，而是让用户来选择这些非必需的需求。

第三阶段：营销 3.0

2004 年 10 月，美国《连线》杂志主编克里斯·安德森在他的文章中第一次提出长尾（Long Tail）理论，他告诉读者：商业和文化的未来不在热门产品上，不在传统需求曲线的头部，而在需求曲线中那条无穷长的尾巴上。

当时“长尾理论”的提出被认为是对传统的“二八定律”的彻底颠覆。事实上这不难理解——人类一直在用二八定律来界定主流、计算投入和产出的效率。二八定律贯穿于整个生活和商业社会，是 1897 年意大利经济学家帕累托归纳出的一个统计结论，即 20% 的人口享有 80% 的财富。当然，这并不是一个准确的比例数字，但表现了一种不平衡关系，即少数主流的人（或事物）可以造成主要的、重大的影响。以至于在市场营销中，为了提高效率，厂商们习惯于把精力放在那些 80% 客户去购买的 20% 的主流商品上，着力维护购买其 20% 商品的 80% 的主流客户。 在上述理论中被忽略不计的 80% 就是长尾。安德森说：“我们一直在忍受这些最小公分母的专制统治，我们的思维被阻塞在由主流需求驱动的经济模式下。”

人们看到在互联网的促力下，长尾现象的出现让我们看到用户需求是林林总总的，被奉为传统商业圣经的“二八定律”开始有了被改变的可能性，而长尾效应反倒有利可图。总的来看，长尾效应的本质就是强调“个性化”“客户力量”和“小利润大市场”，也就是要赚很少的钱，但是要赚很多人的钱。将市场细分到很细很小的时候，就会发现这些细小市场的累计会带来明显的长尾效应。

看起来“长尾理论”的确能解决绝大多数用户的需求，至少是 70%用户的需求，但其实这其中有三个隐藏条件。

（1）收益略高于成本：要确保有利润可以获得，但价格也不能偏高，如此才能形成“小利润大市场”。

（2）市场足够个性化大规模生产：这个所谓的个性化，其实是限制条件的“个性化”，往往 80%~90%的产品形态是既定的，同时这还需要一定的市场基础。

（3）媒介成本低却效率高：用户一般是大众群体下的各个小众需求，所以，需要建立在海量大众群体的基础之上才能使得这些小众需求颇具规模、有利可图。并且，在你捕获了这些需求之后还需要马上做出反应予以实现。

也就是说，实现这些需要建立在海量用户和多元化数据库基础之上。如此我们才能实现精细化运营，制定具有前瞻性的价格、可估算的市场，以及精准的触达。

这里以 Google 公司为例，Google 搜索俨然建立的是一个无比强大的人类行为数据库，这个比 CRM 数据库更加外向、动态、且多源化。用户的各种行为数据，如浏览行为、搜索行为、购买行为会自动成为信息数据，被囊括在其中。

假如你是一个羽毛球爱好者，最近经常在 Youtude 上观看羽毛球比赛的视频，通过你的社交网站数据分析，你快过生日了，正想着购买什么生日礼物好来取悦自己。所以，你也会在 Google 上进行有关“礼物”的关键词搜索，而当你登录电商网站的时候定制款羽毛球的信息就推送给了你。这样，信息、消费、数据一并形成。

企业创造的需求会越来越主动地接近你，而且你也越来越觉得这的确是你主动的需要。如果说第二阶段是企业来制作这个假象的话，那么第三阶段就是让用户自己为自己来制作这个以用户为中心的假象。

第四阶段：营销 4.0

传统的营销法则，出于营销成本和营销资源的考虑，往往采取二八定律，对消费者的分析被认为是主观、宏大、模糊的。在这个过程中这些所谓的“消费者”行为可以被描述、运动轨迹可以被定义，消费习惯可以被计算评估。企业通过集中资源，制造时间和空间上的信息不对称而从中获益，但这种整合营销模式却屡试不爽。而互联网特别是移动互联网的渗透使得时间和空间成本被极度压缩，同时信息也被逐步透明化，之前的获利模式已经趋于疲软，新模式不断涌现，长尾模式就是其中一个成功案例。

我们从之前习惯的宏观环境中已经无法获得有效答案，我们只能试图在更微观精细的层面来寻求合理的营销方式。大量的数据使得营销者可以对“消费者”进行许多微小的分类，并且通过网络、搜索、社会和移动端传递相同的信息，进行实时交互。这样也让营销人可以在微观世界中重新认识现在的“消费者——人”，让我们更近距离地接触人群的波粒二象性：①个体性—粒子性；②群体性—波动性。

以 Netflix 为例，早在 1997 年成立之时，它还只是一家 DVD 邮购公司，不过在那时，Netflix 已经开始让用户为他们邮购到的影片给一个评分，不断与客户互动。面对互联网视频时代，Netflix 设计开发了一个电影推荐系统叫 Cinematch，这是一个智能预测系统，它能够根据用户以前的评分数据预测这位顾客可能喜欢什么样主题和风格的电影，等新电影发行后马上为相应的用户群体进行推荐。

Netflix 推荐影片的时候，会给出一个非常细致的类型，或者说是一种“微类型”。这些微类型是由一些基本要素构成的，其基本语法如下：

地区+形容词+类型（名词）+基于……+……为背景+来自……+关于……+从 X 岁到 Y 岁

（Region + Adjectives + Noun Genre + Based On… + Set In… + From the… + About… + For Age X to Y）

当然，有些微类型是不符合上述语法的，比如“有强势女主角”和“适合无可救药的浪漫主义者”。需要达到这一步的做法便是把电影的内容“撕裂开”，对影片中的内容逐一打上标签。

Netflix 产品副总裁托德·耶林喜欢把这种做法叫“Netflix 量子理论”，他把组成影片的基本元素称为“量子”。“Netflix 量子理论”描述了为影片的各种维度贴标签的方法，涉及影片结尾、主角的“社会接受程度”等方面。标签是标量，从 1 到 5，就是说，所有的影片都有一个“浪漫程度”的标识，而不仅仅是那些标明是“浪漫片”的电影。每个电影的结局都有打分，从幸福到悲伤。每个情节都有标签，主角的工作有标签，影片的地点有标签。

Netflix 的工程师以“微标签”为基础，创造了一种语法，来生成各种标签，这是一种人工和机器算法的结合。Netflix 的做法，与 Pandora 的音乐基金组计划有些类似，但是 Netflix 不仅仅展示给你喜欢的内容，还能够对其进行文字描述。标记的微类型判断用户喜欢什么还不是全部，这些数据还能用来分析什么类型的影片适合哪些演员来出演会更受欢迎。Netflix 希望通过这种“量子”方式，能在合适的时间，给特定的观影对象推送合适的内容。

可以看出，在微观层面来对营销进行精细化运营的总体思路是：

（1）将营销场景“撕裂开”；

（2）进行全场景“量子”化，微标签处理后与基于“人”的数据进行匹配；

（3）通过算法进行综合演算，计算出结果自动地在合适的场景，给特定的“人”，推送合适的信息。

量子营销貌似成立，但我们还需要面对“与生俱来的不确定性”“线性因果关系的失效”“必须面对的不可控”这三座大山才能让量子营销得以落地。

第一座大山：与生俱来的不确定性

1935 年，薛定谔在收到爱因斯坦有关火药实验的信约十天后，在回信中写了他的一个新假象：“密闭的铁匣子里放着一个盖革计数器和少量的铀，因为量非常少，所以很可能一个小时内有一个原子衰变的概率和没有衰变的概率一样。

当第一次衰变发生时，通过继电器，装置会释放锤子砸碎一瓶氢氰酸。另外残忍的是，还有一只猫被关在这个铁匣子里。” 这只猫便是著名的“薛定谔的猫”。

根据薛定谔的假想，这只猫在预定的时间过后，“此时，既可以说猫是活的，又可以说猫是死的。”显然，“既活又死的猫”违背了宏观世界对事物认识的常理。然而，这项实验从量子力学对微观粒子世界的角度来看，是再合理不过了。

由于原子核的衰变是随机事件，物理学家所能精确知道的只是半衰期——衰变一半所需要的时间。如果一种放射性元素的半衰期是一天，则过一天，该元素就少了一半，再过一天，就少了剩下的一半。但是，物理学家却无法知道，它在什么时候衰变，上午还是下午。当然，物理学家知道它在上午或下午衰变的概率——也就是猫在上午或者下午死亡的概率。如果我们不揭开密室的盖子，根据我们在日常生活中的经验，可以认定，猫或者死，或者活。这是它的两种本征态。但是，如果我们用薛定谔方程来描述薛定谔的猫，则只能说，它处于一种活与不活的叠加态。我们只有在揭开盖子的一瞬间，才能确切地知道猫是死是活。此时，猫的波函数由叠加态立即收缩到某一个本征态。量子理论认为：如果没有揭开盖子进行观察，我们永远也不知道猫是死是活，它将永远处于半死不活的叠加态。

薛定谔的猫是一个形象的例子，让我们认识到微观世界的不确定性。然而，在此之前我们的思维几乎都是牛顿倡导的机械决定论。牛顿认为“绝对空间”是描述物体运动的终极参照物，也就是说：一个物体如果相对于绝对空间静止，那就是真正的静止；如果相对于绝对空间做加速运动，那就是真的在加速运动。也就是状态是绝对的，如我们理解的“生或是死”，初始条件一旦确定后，此后的运动都是必然确定的了，不存在随机性和不确定的现象。

量子世界的“不确定性”推翻了“实在论”。所以，我们不能说世界的本质是什么样的，只能说我们观测到的世界是什么样的，甚至可以说，根本就不存在一个客观实在的世界。举个例子，我们在做营销活动规划的时候，别人会问这个营销活动结果会成功吗？之前我们往往会有两个答案：成功、不成功。而今天有了第三个答案：50%成功和 50%不成功。

第二座大山：线性因果关系的失效

2015 年 5 月，麦肯锡的两位大咖戴维·C. 埃德曼和马克·辛格在《哈佛商业评论》网站上发表了长篇文章《决战消费者流程》（*CDJ：Competing on Customer Journey*），介绍了麦肯锡的 CDJ 新模型。和 2007 版相比，2015 版的最大变化在于麦肯锡认为品牌不仅能被动地对消费者的决策流程施加影响，而且能够在数字营销工具的帮助下主动重塑消费者的决策流程。重塑消费者决策流程的结果就是品牌可以压缩甚至去除消费者的考虑和评估阶段。这好比压缩恋爱阶段直接闪婚，又如健身到了一定段位会直接选择安德玛，登山到了一定的境界优先选择 SCARPA 的鞋子，不会再考虑其他品牌。

过去，品牌营销是基于消费者购买漏斗的模型，这个模型又常常被称为销售漏斗、营销漏斗或者品牌漏斗。尽管名称不同，模型的核心是一致的。根据弗雷斯特研究公司在 2007 年的研究报告，传统的漏斗模型假设消费者与品牌的关系可以分为五个阶段，即品牌认知、筛选和考量、好感、行为、品牌忠诚。这五个阶段构成消费者决策流程的三个重要特点：连续、线性、自上而下。品牌可以在每个阶段对消费者施加影响。但是社交媒体和移动互联网的出现和火爆让这个 1898 年由广告前辈 E.圣埃尔莫·刘易斯“发明”的漏斗模型显得力不从心了。

传统漏斗模型最大的漏洞在于它是线性的、连续的。但事实上，潜在的消费者有可能从这五个阶段的任意一个阶段进入，可能会跳过中间的 1 个或者多个流程。

“非线性”是说事物未必会按照以前的轨迹发展。而对于经验主义的营销专家来说，“非线性”如果无法从果推及因，那他们的过去诸如成功案例的经验价值也就荡然无存了。并且，我们知道，在线性函数中，当输入值的变化足够小的时候，输出的变化也会随之足够小。而在非线性函数中，输入值的某种微小的变化，可能会给输出值带来巨大影响，甚至会出现无法解释的结果。

第三座大山：必须面对的不可控

与不确定性和非线性比起来，不可控让营销专家更为头疼。美国市场营销协会（AMA）在 1985 年给出了其对市场营销的定义：市场营销是对思想、货物和服务进行构思、定价、促销和分销的计划和实施的过程，从而产生能满足个人和组织目标的交换。这其中体现了组织、计划、实施及目标等思维。而在今天的量子时代，这一切都是不可控的，这就类似于小博今天又去他喜爱的桔子餐厅吃午饭，但却被告知没有菜单，服务员也不知道后厨今天供应什么食品，甚至最后花销是多少都不清楚。这对于习惯来这里花上 30 分钟用 50 元钱吃鳗鱼饭的小博来说是不可理喻的。而营销职能最初的建立就是为了系统的管理和控制市场营销的整个过程，不可控必然是难以接受的。

但真实的量子世界就是这样，我们原本想通过对于用户细微场景的深入刻画来更好地了解他们的行为轨迹，再通过我们在宏观世界中积累的经验来影响这个客户向我们希望的行为轨迹发展，但在现在被告知这是行不通的。

德国物理学家海森堡于 1927 年在研究中发现，当我们在测量电子的速度和位置时，对速度的测量越精确，那么对位置的测量就越不精确；反过来也一样，对位置的测量越精确，对速度的测量就越不精确。这就是大名鼎鼎的“海森堡测不准原理”。

海森堡认为，当我们的工作从宏观领域进入微观领域时，我们的宏观仪器必然会对微观粒子产生干扰。平时，人们只能用反映宏观世界的经典概念来描述宏观仪器所测量到的结果，这样，所测量到的结果就同粒子的原来状态不完全相同。根据这个原理，海森堡宣称，人们不可能同时准确地确定一个物理的位置和速度，其中一个量测定得越准确，另一个量就越不准确。因此，在确定运动粒子的位置和速度时，一定存在一些误差。

从这个角度来延伸，我们可以了解到即便有大数据这种精密的“人类”行为放大器，但恰巧问题也出现在这精密之处，越精密越微小导致（对我们来说）即便是微不足道的误差也不容被忽视。这也将影响我们研究营销案例中或大或小的各种现象，但它的重要性在营销的微观领域表现得更加明显。通常，在实践中，如果研究中涉及的数量很大，那么统计的方法就为研究活动提供可靠的保障；然而如果涉及的数量很小时，那么测不准原理会让我们改变原有因果关系的观点，并且接受测不准原理。

在测不准原理发现之前，很多人认为，如果能预先测量到自然界中每个粒子在任何时刻运动的位置和速度，那么对于整个宇宙的历史，无论是过去，还是将来，原则上来说都是可以计算出来的，所以从规律出发我们也可以利用这个客观规律来进行操作，比如牛顿定律、二八定律、长尾定律等。然而，测不准原理却否定了这种操作的可能性。

因为事实上，人们并不能在同一时刻准确地测量到粒子运动的位置和速度。测不准原理在一定程度上说明了科学测量存在的局限性，它说明物理学上的基本定律有时也不能让科学家在理想的状况下正确认识研究体系，因而无法完全预测这一体系将要发生的变化。所以，人们想去控制一个事物的发展更是不可能了。

“不确定”“非连续化”且“不可控”的世界

从结论来说，我们原本想通过微观世界的量子营销来对现代营销学进行精细化管理，但事实证明这是一个“不确定”“非连续化”且“不可控”的世界，我们朝着这个方向前进的话，势必进入一个死胡同，其实我们也已经进入这个死胡同了。

我们再次回忆一下之前讲的 Netflix 的营销案例，其实还存在偏颇。在这个案例中，Netflix 的确把场景拆分到很微小的程度了，但运作方式还是回到了传统的营销思路——推送内容，营销受众。

以宝洁公司为例，该公司推出过一款新品空气清洁剂，其把受众精准锁定在宠物拥有者和家庭，但是销售量上不去。当宝洁把广告受众面扩大到所有 18 岁以上的人群，Facebook 是其广告投放的主要渠道，结果销量大增。2016 年 7 月，宝洁全球广告开支达到 7.2 亿美元，其在下一年计划增加 5%，但宝洁也宣布计划减少 Facebook 上“精准投放”的广告量，同时同步加大其他数字平台和传统平台的广告开销。

当然，我们在这并不是有意对“千人千面”“精准营销”这种方式妄加指责，而是希望大家思考一个问题：如果还用昨天的观念和今天的工具，做明天的事情，那会是一个极大的错误。

从这个角度出发，我们认为之前谈到的量子营销是狭义的量子营销，而以下是从广义的角度来分析和阐释：量子营销是一种新的工具方法，更是一种新的思维观念。

广义量子营销定律一：接受多元性

我们说回“薛定谔的猫”，我们认为要么猫是活的，要么猫是死的，这才符合我们现有的世界观，但物理学家休·埃弗雷特指出两只猫都是真实的，只是它们位于不同的世界中。问题并不在于盒子中的发射性原子是否衰变，而在于它既衰变又不衰变。当观测者向盒子里看时，整个世界分裂成它自己的两个版本。这两个版本在其余的各个方面是完全相同的。唯一的区别在于其中一个版本中，原子衰变了，猫死了；而在另一个版本中，原子没有衰变，猫还活着。前述所说的“原子衰变了，猫死了；原子没有衰变，猫还活着”这两个世界将完全相互独立平行地演变下去，就像两个平行的世界一样。量子过程造成了“两个世界”，这就是 “多世界解释”。

在量子力学中，存在多个平行的世界，在每个世界中，每次量子力学测量的结果各自不同，因此不同的历史发生在不同的平行宇宙中。多世界解释认为，对测量装置的观察，会使得测量装置被分解为两个。并且在这个测量链上，这种分解会不断地进行下去。伴随着这种分解，一定有一个完全的宇宙复制。也就是说，只要有一个量子测量发生，那么，每个宇宙分支，以及这个分支中的分量就会导致一个可能的测量结果。每个处在特殊宇宙分支中的人都会认为，他的测量结果和所处的宇宙是唯一存在的。也就是说，一次测量产生了一次新的宇宙。这些各自不同的新宇宙，除非完全相同，否则绝无重合的可能。这一理论的发表，标志着平行宇宙概念的正式提出。

格里菲斯大学物理学教授霍华德·威斯曼表示，在 1957 年左右，量子物理学界出现了平行宇宙的想法。照此推断，量子测量每进行一次，一个宇宙就会产生出新的分支宇宙。所以就产生了无数的可能性——在有的宇宙里，陨石没有砸中地球，恐龙们幸存下来。再换一个宇宙，澳大利亚就成了葡萄牙人的殖民地了。

从宇宙诞生以来，已经进行过无数次这样的分裂，它的数量呈几何级数增长，很快趋于无穷。我们现在所在的这个宇宙只不过是其中的一个，在它之外，还有非常多的其他的宇宙。在某个宇宙中，埃及艳后克娄帕特拉的鼻子稍短了一点，没有叫恺撒和安东尼怦然心动。在某个宇宙中，格鲁希没有在滑铁卢迟到，而希特勒没有在敦刻尔克前下达停止进攻的命令。

广义量子营销定律二：面对概率性

人们曾经认为，人们以为宏观宇宙的因果规律完全可以和微观领域里的不确定性相容，但实际上我们的假设是错的。英国经验主义哲学家大卫·休谟在其哲学著作《人性论》中指出："我们无从得知因果之间的关系，只能得知某些事物总是会联结在一起的，而这些事物在过去的经验里又是从不曾分开过的。我们并不能看透联结这些事物背后的理性为何，我们只能观察到这些事物的本身，并且发现这些事物总是透过一种经常的联结而被我们在想象中归类。"

我们可以认为因果关系本身也不是确定的科学，只是相关性之间故事化的结果而已。这也是为什么故事往往比其他内容更容易获得传播？人们喜欢故事，是因为故事基本都是按照线性逻辑进行的，需要有前因后果，且能说得通。

我们对于因果的概念只不过是我们期待一件事物伴随另一件事物而来的想法罢了。我们并不能观察到任何两件事物之间的关联。在线性世界里，因果关系一目了然。但在非线性世界里，因与果在时空中并不紧密相连。因此，我们并没有理由相信一件事物的确造成了另一件事物，两件事物在未来也不一定会一直"互相联结"。我们之所以相信因果关系并非因为因果关系是自然的本质，而是因为我们所养成的心理习惯和人性。

实际的事物状态从来都不能精确符合因果律所假定的条件。但在这些状态之间可以建立起概率的关系。例如，要是我们知道枪身的倾斜程度、火药的用量和弹壳重量，我们就能以确定的概率预言命中点。令 A 是这类确定的初条件，B 表示命中点；于是我们便有如下的概率蕴含关系：A 完全符合 B 所达到的条件时，B 将以确定的概率发生。

从这个可用经验证实的关系出发，我们便可过渡到理想的关系，即考虑理想的状态 A'和 B'，并指出它们之间有如下的逻辑蕴含关系：在表征射击的初始条件时，除了仅仅用上述三个参量（枪身的倾角，火药的用量和弹壳重量），我们还可以考虑其他参量，诸如空气的阻力、地球的转动等。其结果将会使预言的数值有所改变；但我们知道，在这样更精确的表征之下，预言的概率也要增大。

从这个经验即可推知，在物理状态的分析中引入越多的参量就可以使概率的数值趋近于 1。自然界遵从严格因果律的说法意味着我们能以确定的概率预言未来，并且对所考虑的现象进行充分精细的分析后，就能促使这一概率性事件任意接近为确定事件。

线性关系存在于理想世界，而非线性关系存在于现实世界，可以说横跨各个专业，渗透各个领域。结合多元性来看，这种遍历意味着，你我都在多个宇宙的集合里，每个宇宙都有着自己随机的初始条件，在一个给定范围内出现各种结果的概率分布，和你在同一个宇宙的不同体积取样得到的概率分布是一样的。也就是说，任何在原则上可以发生在这里的事情，在其他的某个地方实际上就会发生。所以，我们最多只能预计一件事今后各种经历的概率，传统因果论的观点就此终结。

广义量子营销定律三：拥抱适应性

1903 年 12 月 17 日上午 10 时 35 分，莱特兄弟制造的第一架飞机“飞行者 1 号”在美国北卡罗来纳州试飞成功。

他们成功地驾驶着他们自己设计制造的飞行器进行了飞行。对此，人们持怀疑态度。这年年初颇受敬重的美国科学家西蒙纽康发表看法，证明靠机动力量进行飞行是不可能的；7 年前，德国著名的航空界先驱奥托-利林塔尔驾驶自己制造的飞行器坠毁身亡。然而，莱特兄弟二人说，他们那天在北卡罗来纳州基蒂霍克海滩上空飞行了 4 次，最长的一次持续约一分钟，飞行距离 259 米。另有 5 人在场目睹了他们的飞行。

人们最初设计飞行器的灵感来源于鸟类，希望通过研究鸟翼摆动、鸟翼面积、鸟的体重和飞行速度的测算来试图模仿鸟类的技能，实现人类的飞行。然而，奥佛-莱特和韦伯-莱特两兄弟与他们不同的是，转向从空气动力学角度入手，通过增加飞行器的升力、减小飞行器的阻力和提高它的飞行速度，来适应空气环境，实现人类的飞行梦想。经过数年的反复摸索，莱特兄弟终于制造了第一架飞机“飞行者 1 号”。

康奈尔大学的教授弗里德里克-贾里尼克和他领导的 IBM 沃森实验室在 1972 年提出了统计语音识别的框架结构。在这以前，科学家们把语音识别问题当作人工智能问题和模式匹配问题。而贾里尼克把它当成通信问题，并用两个隐含的马尔可夫模型（声学模型和语言模型）把语音识别概括得清清楚楚。这个框架结构对当今的语音和语言处理有着深远的影响，它从根本上使得语音识别有实现的可能。

采用该方法，IBM 将当时的语音识别率从 70% 提升到了 90%，同时语音识别的规模从几百个单词上升到了两万个单词，使语音识别有了从实验室走向实际应用的可能。在 1988 年，IBM 的彼得·布朗等人提出了基于统计的机器翻译方法。随着可用于训练的数据的不断积累，2005 年，Google 用该方法做出了当时世界上最好的机器翻译系统。也正是语义识别技术路线研究上的转变，使得整个人工智能领域发生了重大突破。

不可控制，就不去控制，但要去迎合适应。事物生存与发展，不是一味地管和控，而是对大势的认知和判断，正如孙中山先生所说的：“世界潮流，浩浩荡荡，顺之者昌，逆之者亡。”逆水行舟，再好的船也难前行、难持久；顺流而下才可以事半功倍，就算不是新船也有望行稳致远。

量子营销的猜想

以往的整合营销：建立在机械世界的决定论基础上，整合组织资源与核心用户进行配备；寻找线性事物间的因果关系，因为我们认为建立在成功原因基础上的经验可以指导下一次的成功；我们竭力希望像管控企业管理员工一样，从上至下管理客户的需求以实现利益最大化。

如今的量子营销：首先我们必须接受这是一个多元的世界，核心客户的概念被打散；因果关系的成功经验在这个复杂的世界里已经逐渐失去作用，应该转而了解事物间的概率关系；市场竞争加剧，人的个体需求被关注，企业无法实行由上而下的控制，唯有顺应需求，由下而上得到满足。

以往的整合营销	如今的量子营销
单一、 因果论、 线性。	多元、 概率论、 非线性。
管控、 由上而下。	顺应、 由下而上。
更加粗犷、大规模地推、单向	更加细腻、把自己做好，双向

整合营销对比量子营销

基于以上推论，我们对营销具有以下的猜想。

（1）在战略层面：从 K 策略到 R 策略。

几乎任何一个营销项目在被规划的时候，我们往往都会有一个做精品的目标，这也的确很符合生态学中的 K 策略。但今天由于个体需求海量化，通过技术方式实现以数量来博取成功的概率的提升，这也是 R 策略的精髓，也更加符合这个时代。

（2）在战术层面：从整合到离散。

整合营销是 20 世纪一种经典的营销方式，因为它的确很符合那个时代的商业模式。营销人员对于整合有着执念，就如行军人对于“集中向前”的执着一样。然而，社交媒体、自媒体、移动媒体的壮大和发展，颠覆了这个格局。离散营销讲述的就是这样一种营销思路。

（3）在受众分析层面：从人群到人格。

对于受众的分析由调研分析演变而来，所以，我们对人口属性已经习以为常。而今天我们通过大数据可以观察到人群的行为（线上和线下行为）特征，我们希望通过行为来还原人群的本我、自我和超我，对人群进行人格的聚类分析。

（4）在信息撰写层面：从内容到形式。

“内容为王”是最近几年营销界的口头语，但请大家注意的是，内容为王不仅仅针对营销中的“内容供应方”，还要让所有营销人结合更新的技术和思维方式来创造内容，让内容为媒体形式服务。

（5）在创意层面：从关注到想象。

注意力经济在互联网诞生之初兴起，并被赋予了众多光环。而今天由于个体意识的崛起，注意力的营销能力正在被共同想象所取代。

（6）在项目执行层面：从执行到营造。

人类波粒二象性和营销资源交互崛起，营销活动将由之前的执行推广项目转化为今天的营造可增长的环境，其中的要素有：结构、规则和算法。

第二部分

第四章

从 K 策略到 R 策略

著名的士非拉位于古代巴勒斯坦中央，拥有绵延的山脊和山谷，连接着朱迪亚山脉与广阔的地中海平原。这是一个美得令人窒息的地方，遍布着葡萄园、麦田、西克莫无花果林和松脂木。同时，它也具有重要的战略意义。

海岸沿线的民族可以通过这些分布在地中海平原上的山谷到达位于朱迪亚高原的希伯伦、伯利恒和耶路撒冷。因此，为了争夺该地的控制权，几个世纪以来，这里发生了很多场战争。虽然北部的亚雅伦山谷地位最为重要，但以拉山谷才是众多著名故事的发生地。

牧童与巨人

“你们选一个人出来跟我战斗吧。如果他战胜了我，把我杀死，我们就做你们的奴隶。但是如果我战胜了他，并且把他杀死，你们就要成为我们的奴隶，为我们服务。”腓力士将军巨人歌利亚对着对面的以色列军队大喊道。

公元前 11 世纪下半叶，腓力士军队开始向东行进，沿着以拉山谷蜿蜒而上。他们的目的是占领靠近伯利恒的山脊，将扫罗王国一分为二。腓力士军队作战经验丰富，极具攻击性，是以色列军队不共戴天的敌人。惊慌失措的扫罗国王见状，急忙召集大臣下山去迎战腓力士军队。

腓力士军队驻扎在以拉山南部的山脊上。以色列军队则驻扎在北部的山脊上。两军隔着山谷对峙，双方都不敢轻举妄动。

最后，腓力士军队沉不住气了，他们派出了最强壮的巨人腓力士将军歌利亚打破僵局，让他下山去跟以色列战士单挑。

以色列军营中没有人站出来。谁能战胜如此可怕的对手？突然，一个牧童站了出来，说他愿意下山去迎战巨人。这个牧童来自伯利恒，此时正要去给他哥哥送饭。

扫罗王拒绝了。“你不能去和这个腓力士人战斗，因为你还是个孩子，而他却是身经百战的战士。”

然而，这位牧童的态度很坚决。他说他见过比这可怕的对手。他告诉扫罗王：“每次狮子和熊把羊偷走的时候，我都会偷偷跟在它们后面，把它们杀死，然后把羊救出来。”

扫罗王思量了许久之后说道：“去吧，上帝与你同在!”

他把自己的战衣、铜盔、锁子甲，还有他最心爱的剑，一并赐予牧童，但牧童很坚决地说：“我不能带着这些东西去战斗，我还未能熟练地使用它们。”他把它们脱了下来，因为他知道，每个获胜的人都有自己的武器。

牧童大卫 VS 巨人歌利亚

于是他拿出自己的家伙，拎起自己牧羊童的袋子，背起投石器，走出了以色列军营，轻快地走下山坡。当他来到山脚下的溪流边时，他停了下来，从水中挑选出五块圆滑的石子，放入自己的袋子中。

扫罗王的军队站在山上，腓力士军队列在另一边的岭上，他们惊诧地看着，鸦雀无声。歌利亚大步走来，当他看到只是一个面貌俊俏的小伙子时，他气坏了。“难道我是一条狗，你还带着棍子？”他大声嚷道，“以色列人是在嘲笑我吗，竟然派了一个小孩过来？回去！乳臭未干的小子，否则，我会撕烂你的皮毛，扔给天上的小鸟和林中的野兽！”

但牧童丝毫未感到害怕，他勇敢地喊道：“过来吧！带着你的剑，你的矛，还有你的盾。我在你的面前，是以神的名义，以你所挑衅的以色列军队之神的名义。今天，上帝把你交到我的手上，我会把你击败，让全世界都知道以色列的神！”

于是歌利亚冲向牧童，而牧童也轻盈地迎上去。他把手伸进袋子，掏出一块石子，把石子装上投石器，同时敏锐的目光盯上了巨人前额与头盔的连接处。他拉起投石器，强健的右臂攒足了劲儿，把石子掷出。

“嗖”，石子掠过天空，重重地击中歌利亚的前额。他巨大的身躯晃了两下，然后轰然倒地。巨人歌利亚脸朝下躺在地上，牧童飞快地跑上前，拔出巨人的剑，把他的头割了下来。

以色列军队看到后，顿时欢呼雀跃起来，然后冲下山坡，杀向惊恐万分、四处逃散的腓力士人。当看到他们最伟大的勇士被一个毛头小伙子杀死，腓力士人便逃回了自己的土地，而他们的帐篷和里面所有的财富均成了以色列人的战利品。

这个牧童便是著名的大卫——后来成为以色列联合王国第二代国王。这个牧童击败巨人的故事也是战争史上著名的以弱胜强、以少胜多的战略典范之一。

大卫使用的战略是出其不意、快速灵活和精准打击。大卫没有选择精良的装备剑、盾牌或盔甲，因为这样将会给他的“灵活”性带来损失。

战略其实就是出于外界环境因素与自生资源相匹配后的一种选择而已。

由阴谋孕育而生的“战略”

1605 年 11 月 5 日，一群亡命之徒试图炸掉英国国会大厦，并杀害正在其中进行国会开幕典礼的英国国王詹姆士一世和他的家人及大部分的新教贵族，但这是一次并未成功的计划。这次事件代表了又一次的以 1603 年的主要阴谋（Main Plot）和次要阴谋（Bye Plot）为先例的一系列失败的弑君企图。这里的 Plot 在 17 世纪被予以了负面意义，Plot 与 Plan（计划）意思相同，被解释为一块地或建筑物的平面图。

将“计划”或是“规划”纳入战略的范畴，在现代战略学家眼中颇有微词。

美国哈佛商业评论就曾表示：“我们常把战略与规划、决策、抉择、竞争等说法混在一起。但每当说到战略时，往往又含混不清……”

确切地说，“战略”一词的教科书式的出现，是在 1777 年，法国战略家梅齐乐在《战略理论》一书中首次提出和使用“战略”一词，并把它界定为作战的指导，指出战略就是驱动军队抵达决战地点；也正是从那时开始，“战略”才在英国、法国、德国等西欧军事中被使用。

军事历史学家一直认为，在 1800 年之前是否存在战略值得考证，因为之前的情报收集和通信系统都非常低下，将领不得不亲临现场指挥。他们也不敢制定任何复杂的战略，比如分散部队从不同的方向进攻敌人。

后来随着技术的发展，“拿破仑”时代象征新的作战方式的开始，整合优秀人才，团结群众力量，有了制定战略的可能。从 18 世纪“战略”一词的出现，到 19 世纪被广泛应用，得益于拿破仑的崛起。

科举制度，一场社群机制的转型

公元 612 年（隋大业八年），隋帝国发动了第三次远征高句丽的战争，最终无功而返。然而，连续三年的征战使隋朝数十万军人丧生，还有大量民夫死亡，巨额物资损失。过度征敛破坏了隋朝的经济，国内人民对这个王朝表现出了强烈的不满。也正是因此，天下大乱，国家覆亡，杨广身遭横死，被后来的李唐王朝贬称“隋炀帝”（杨广真正的庙号和谥号分别是隋世祖、明皇帝，可简称隋世祖或隋明帝）。

你可能无法相信，如果没有战争，隋朝第二代皇帝杨广很有可能成为中国历史上的一代明君。他文武双全，军政全能，二十岁时为南征大军主帅，挥军灭陈朝，结束长达数百年的南北大分裂。之后他主政江南十年，招揽士人，推广文教，有效地促进了南北统一，最终取代其兄杨勇成为太子，随后登基。

登基后，杨广怀着成为千古一帝的高远志向，在帝国版图上肆意书写恢宏篇章。

作为军事战略家，杨广遣将出兵，陆续攻灭交趾、林邑、契丹、琉球、伊吾诸国，更亲自率军远涉海拔数千米的高原，攻灭吐谷浑，征服了半个西域和整个青海，华夏王朝首次将青海高原划入版图。杨广即位仅仅五年，隋朝国势达到华夏史上空前未有的鼎盛时期，户口数直到数百年后的唐玄宗天宝年间方始超过。而著名的贞观之治、开元盛世皆不能及，其各项政治经济举措利在千秋。

在经济治理方面修建大运河，西巡张掖，开拓丝绸之路，使全国物资运输成本大大降低，南北东西各方文化经济交流得以通畅。

同时，在杨广在位期间创新性地举行科举制度，建进士科，恢复国子监、太学及州县学，削夺高门士族权势，提拔平民人才；又营造东都洛阳，让政治重心脱离关陇集团控制。

这里有必要介绍一下关陇集团。其实，所谓的“关陇集团”就是后来研究历史的学者对当时的一个政治统治集团亦称关陇六镇集团的统称，即北魏时期主要位于陕西关中和甘肃陇山周围的门阀军事势力。其实就是当时比较有实力的八大门阀家族的统称，有宇文泰家族、元欣家族、独孤信家族、侯莫陈崇家族、李虎家族、李弼家族、赵贵家族、于谨家族。举个例子，隋文帝的皇后及李渊之母都是独孤信家族的女儿，唐高祖李渊与隋炀帝杨广也互为表兄弟。从北魏到西魏、五代十国到北周，以及后来的隋唐初年都是由这个“集团”之间的分崩离析所形成的。所以，总的来说这个集团牢牢控制着那个时期的政治决策、经济发展、国家命脉。

而此时的杨广深知这个权利体系已经失去了活力，他要实现千古一帝的政治抱负，就要摆脱关陇贵族，培养自己的人才班底。

据史书记载：隋炀帝大业三年四月，诏令文武官员有职事者，可以考取“孝悌有闻”“德行敦厚”“结义可称”“操履清洁”“强毅正直”“执宪不饶”“学业优敏”“文才秀美”“才堪将略”“膂力骄壮”10 科举人。进士二科，并以“试策”取士。进士一词初见于《礼记・王制》篇，其本义为可以进受爵禄之义。当时主要考时务策，叫试策。唐玄宗时礼部尚书沈既济对这个变化有过这样的评价：“前代选用，皆州郡察举……至于齐隋，不胜其弊……是以置州府之权而归于吏部。自隋罢外选，招天下之人，聚于京师春还秋住，乌聚云合。”

杨广虽然没有如愿地培养出自己的人才班底，却推动了一次重要的转型，传统的由皇帝和“士族”“门阀”共同构成社会上层的旧模式消亡了，取而代之的是新的由科举制度选拔上来的“职业文官”——士大夫阶层。这种新的中央决策模式，打破了森严固化的社会等级，整个社会开始自由流动，既有纵向的阶层流动，也有横向的地域流动，使得社会结构具有了活力。

科举萌发于南北朝时期，科举真正成型是在唐朝。发展到宋朝，科举制已经成为唯一的选官途径，宋朝的平民也有机会通过考试进入上流社会，并最终形成一个阶层流动的平民社会。宋朝的决策体系从中国的“豪门”社会向“古代平民社会”转变。相比其他朝代，宋朝的一个突出特点就是“养民”制度特别丰富。按照历史学家侯家驹的说法，宋朝已经发展出了“由胎养到祭祀”，也就是政府把你“从摇篮管到坟墓”的福利制度，包括怀胎发放粮食补贴、政府抚养弃婴、官办学校助学、养老、救治贫病、丧葬补贴等。然而，历史没给宋朝这种政治制度足够多的时间，蒙古人的铁蹄还是中断了这个过程。

从历史的角度来看，科举制度使得社群相比之前的社会结构更加具有了活力，也更加灵活，相应的战略决策方式也由精英阶层向大众转变。

社群应有的活力

同富纺纱厂是大久小次郎家族于 1870 年春在京都创办的第三家企业，也是从 1868 年作为工商职业的小次郎一家在获得“平民”身份之后在日本境内创建的第七家企业。

1868 年，明治天皇建立新政府，建立君主立宪政体。日本在受到西方资本主义工业文明冲击下所进行的由上而下、具有资本主义性质的全面西化与现代化改革运动，历史上称“明治维新”。

在社会体制方面，废除传统时代的“士、农、工、商”身份制度，将皇室亲缘关系者改称为“皇族”，过去的公卿诸侯等贵族改称为“华族”，幕府的幕僚、大名的门客等改称为“士族”，其他从事农工商职业及更底层的劳动人民一律称为“平民”。

明治维新时期的日本武士

在工业技术方面，设立工部省管理工商业；改革土地制度，废除原有土地政策，许可土地买卖，实施新的地税政策；废除各藩设立的关卡；统一货币，并于 1882 年设立日本银行（国家的中央银行）；撤销工商业界的行会制度和垄断组织，推动工商业的发展（殖产兴业）。

而今，现代汉语中的“企业”一词就是源于这个时期的日语，与其他一些社会科学领域常用的基本词汇一样，是在日本明治维新后，大规模引进西方文化与制度的过程中翻译而来的汉字词汇。

此时的日本西岸正值大清同治九年（1870 年），清帝国在经历了一个世纪的繁华后从康熙盛世衰落下来，但即便如此，其 GDP 在当时仍占世界总量的 11%，排世界第二。在随后的 20 年中，“明治维新”使得日本成为亚洲第一个走上工业化道路的国家，并跻身于世界强国之列。而中国的新政变法中道崩殂。1894 年 9 月 17 日，甲午海战爆发，清政府花费数百万两白银打造的北洋水师在与日本联合舰队的一系列激烈交战后，全军覆没！

从综合国力及甲午战场战舰资源来看，当时的大清帝国并不逊色于日本政府。然而，从具体实施上来看，战斗刚开始，丁汝昌的“定远号”信旗被毁，从此北洋舰队就失去了指挥，更何谈资源的优化调配。从社会结构来看，社会资源分配极不均衡，极不合理，极端两极分化，造成社会的主体人民群众极端贫瘠，权贵阶级虽控制着极端富饶资源，但也无法流转增值增效。

在清帝国即将灭亡的前十年，清政府也希望通过一系列的新政改革来挽回败局。1901 年，清政府一刻不停地催促法律专家赶快制定新式《公司律》。同年 9 月，清政府实行“新政”后，各地封疆大吏纷纷上奏，重提改革科举，恢复经济特科；1904 年，《商人通律》《公司律》《公司注册试办章程》《商标注册试办章程》《破产律》等陆续颁布，这可是典型的西方式的法律。同样，也是在 1904 年，清政府颁布《奏定学堂章程》，此时，科举考试已改为八股为策论。1905 年 9 月 2 日，袁世凯、张之洞奏请立停科举，以便推广学堂，咸趋实学。清政府诏准，自 1906 年开始，所有乡、会试一律停止，各省岁科考试亦即停止，并令学务大臣迅速颁发各种教科书，责成各督抚实力统筹，严饬府厅州县赶紧于乡城各处遍设蒙小学堂。

这里，我们把“企业”和“科举制度”这貌似看上去不相关的两件事情关联了起来，因为这两件事物的背后都关联了社会结构的变迁。从清政府废除科举、大兴企业来看，过去平民阶级靠科举制度获得功名官爵，而今天这一切要通过经商来获得。至此，在中国历史上延续了 1300 多年的科举制度最终被废除，由企业带来的社会形态也在中国萌芽。

企业的出现也构建了更为灵活，更为多元，也是更为复杂的商业体系，这个体系的本质也是一个网络体系。

更为灵活是因为这个体系不断处于变动中，要么就在扩张中，要么就在萎缩中，很难保持稳定。

更为多元是因为为了孕育商业的繁荣，在企业单位的基础上需要发展大量的中间组织，比如银行、公司法、交易市场等。它像盖楼，没有下一层的制度和中间组织的建设，上一层压根就不会出现。

当然，它也是人类社会中较为复杂的社群，往往需要很长时间来沟通、交流，甚至毁灭重建，才能形成人们之间的协作关系。

企业就是这个网络中的节点。节点，通常来说，是指局部的膨胀，抑或是一个交汇点。在网络拓扑学中，节点是网络任何支路的终端或网络中两个或更多支路的互联公共点。企业节点的作用在于协同资源，连接更多的资源节点，企业逐步由节点变成了节点组和节点枢纽。如果把国家、北洋舰队、同富纺纱厂看成企业节点，那企业在社会网络中存在的最大价值便在于，作为一个单元体解决人和资源之间的关系。正如现代经济学理论认为的，企业本质上是“一种资源配置的机制”，其能够实现整个社会经济资源的优化配置，降低整个社会的“交易成本”。

所以，我们会发现之前人们会通过由上到下、一层一层的社群结构来协调资源，进行分工合作。而自从企业这种节点结构出现之后，人们通过“藏身”于企业节点的方式来供养自已、与社会分工合作，甚至繁衍生息。

战争的消亡与战略的崛起

英国著名哲学家和经济学家约翰·穆勒在 1848 年做了一个简明扼要的论述：商业发展使战争迅速被人吞噬。

人们已经发现商业是复杂的协作体，人与人之间往往需要很长时间才能形成协作关系。这种复杂的协作关系一旦被战争等强大的力量摧毁，几乎很难在原地重建。所以，要保障利益，促进自由贸易是新的更有效的选择，而借用战争来解决问题已经成为最愚蠢的选择。

“战略”一词因此脱去了它的军事色彩，进入贸易、商业、政治和神学等五花八门的领域中。

1915 年 4 月，布鲁斯出生于美国田纳西州的一个农场里。长大后，作为他父亲出版社里的一名《圣经》推销员，布鲁斯很早就开始了他的商业生涯，而且开局良好。他获得了范德比尔特大学的工程学学士学位，并进入了哈佛商学院。然而 1941 年他又选择离开学校，加入西屋公司，此时离他毕业仅剩 90 天。在西屋公司，他成为该公司历史上最年轻的副总裁。

“在 20 世纪下半叶，很少有人能像这位波士顿顾问公司的创始人那样，对国际企业界产生如此深远的影响。”这是布鲁斯先生在 1992 年 7 月 20 日去世后，《金融时报》对其思想遗产的描述。布鲁斯对这句墓志铭一定十分满意，影响世界是布鲁斯先生毕生的追求。

从早年开始，布鲁斯就是标新立异的。作为训练有素的工程师，他总是不厌其烦地引用阿基米德的话来鼓励胸怀大志的员工：“给我一根杠杆和一个支点，我就能撬动地球。”

布鲁斯及其领导下的波士顿咨询公司有志于改变企业界思考竞争的方式，他运用的工具就是公司战略。尽管某些基本的原则在军事上已得到了很好的发展，并广为接受，但令人惊讶的是，当 1963 年布鲁斯创立波士顿咨询公司时，这些原则在企业思维中还是一片空白。

制定公司战略最流行的方法之一就是 BCG 矩阵。BCG 矩阵将组织的每一个战略事业单位（SBUs）标在二维的矩阵图上，从而显示出哪个 SBUs 提供高额的潜在收益，哪个 SBUs 是组织资源的漏斗。

布鲁斯认为，“公司若要取得成功，就必须拥有增长率和市场份额各不相同的产品组合。组合的构成取决于现金流量的平衡。”

战略研究之初，其内涵并非十分严谨与确切。大多内容是以波士顿矩阵和 SWOT 分析为主的一些常识性方法。

这一现象在 1979 年被迈克尔·波特提出的“五力模型”彻底打破。彼时波特在《哈佛商业评论》发表了首篇文章《竞争力量如何塑造战略》，随即点燃研究领域对战略的热情。

如今战略变得越来越复杂，战略今天需要考虑更多的东西，为制订计划，战略需要研究时间、地点、手段和不同利益之间的关系，权衡每一个因素，涉及辩证法和推理。博弈论被认为是新战略的标志性方法论。

战略与社群，作用力和反作用力

战略是社群发展的一种选择，而社群的发展也形成了新的战略形式。战略大师波特就在《战略是什么？》一书中反复使用了“战略的选择方案”和“选择战略”这两个词。同时，波特认为，为了使企业避免陷入不同战略所存在的矛盾中，企业有必要进行战略选择。《财富》杂志曾发表文章评论到：战略产业最不可告人的秘密就是战略产业根本没有关于战略创造的理论。

最初，人类在大自然面前是极为弱小的，唯有通过群居生活来面对自然界的不确定性，人类必须以某种社群的方式，如部落、民族、国家等为单位，依靠集体的力量生存下去。这与自然界存在的普遍规律一样，如蜜蜂聚在一起后，可以借助大家的体温调节蜂巢的温度；蚂蚁形成蚁群，集体觅食就会更有效。

然而，我们在享有群体带给我们的种种好处的同时，也在不知不觉间陷入了某种局限性，以至于我们今天的战略选择也是基于这种局限性的群体思维来进行的，即便我们看到个体需求在群体中表现出来，我们也会通过群体的意识把个体需求与群体需求整合，或者为了群体利益而压制个体需求，个体的意志必须服从群体的公共意志。我们顺着这个逻辑继续推演下去，群体意志的选择往往会导致个体选择的不真实。社群需求凌驾于个体需求之上，甚至取代个体需求。

人类部落协同作战

而今天，基于物质方面的基本安全感和利益基础都建立在人与商业网络这个体系之上，这也使得人们对社群的需求更加趋于习惯，比如情感、价值和自我实现等方面。而这些需求无论在思维上、体验上和感觉上，都更加复杂，也更容易彼此矛盾，甚至是冲突。这也属于我们之前探讨过的人的波粒二象性。而个体在这时表现出来的不再是妥协、推诿或隐忍，所以，个体基于需求的选择也势必与之前战略基于群体的选择相矛盾。

人们对于社群的战略意图是加入社群，获得安全感。而今天转向个体的时候，人们的战略意图在于离开社群，表达个体。这也注定了我们的战略将由关注群体决策转向关注个体决策，从自上而下的“精英决策”转向自下而上的“草根决策”。

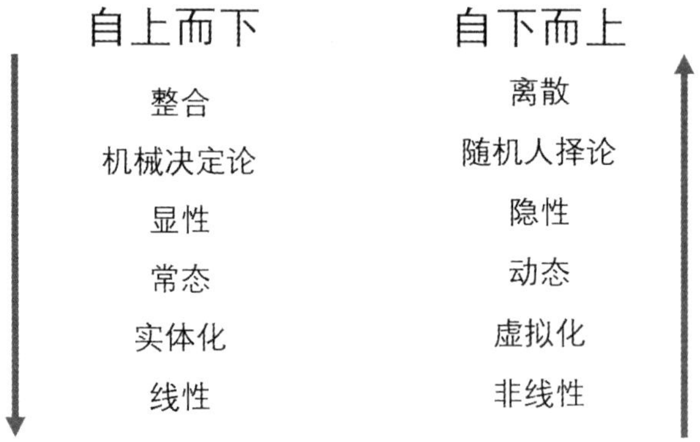

自上而下与自下而上的战略选择对比

自下而上的战略适合个体，所以必然是一种离散状态。据统计，1962—2008 年，战略总共有 91 个定义，“计划”一词的使用频率大幅下降，“环境”一词上升后稳步降低，“竞争”一词稳步上升。同时，企业的博弈均摊在各种各样的空间和参数里，使得战略变得更动态化、更虚拟化、更隐蔽，甚至无法察觉。

接踵而至的问题

那紧接着一个问题来了，具体该如何制定新的策略呢？我们为满足每个客户的需求生产一种产品，为每个产品的推广制订一个营销传播方案，貌似可以成立，但实际结果我们都是知道的：资源所限，不可能！

数学家拉普拉斯在 1814 年提出了一个科学假设：有一个智能生物，如果它能确定从最大天体到最轻原子的运动的实时状态，就能按照力学规律推算出整个宇宙的过去状态和未来状态。后人把他所假定的智能生物称为拉普拉斯妖。换而言之，只要我们正在展示足够多的数据，拉普拉斯妖就可以按照机械定律推出未来世界的全部面貌。近年来，有人对拉普拉斯妖分析数据的能力提出一个极限。这个极限是由宇宙最大熵、光速，以及将信息传送通过一个普朗克长度所需要的时间计算得来的，约为 10^{120} 比特。

问题是我们还是用企业处理群体需求的方式来处理个体需求，我们还是把个体看成群体中的个体而非独立的个体。我们的企业已经习惯作为一个管理者和统领者，认为只要通过足够的数据就可以高清地掌握消费者群体的消费轨迹，就可以影响甚至控制这种行径以便触发销售。这种模式在自上而下的时代还能实现，因为，你的消费群体宏观来看就那么几种，再多貌似也无法超过 5 种，但是如果企业从微观的个体需求出发来看，则类型千万，应接不暇。

所以，从下而上地来看这个问题的话，我们需要把主视角放到个体的角度，企业提供的产品、服务或平台都不再去满足个体需求本身，而是激发个体去创造需求，并且让这些需求和企业的产品相关联，这是企业在现在这个阶段必须做的，也是唯一能做的。

足记 App 的异常火爆是其创始人压根没想到的事。作为创始人的杨柳最初对于这款产品的功能定位是：基于 LBS 精确到小数点后面 7 位的经纬度，用户可以用来记录并创造与地点相关的故事，告诉用户这里曾经发生过什么，有什么名人曾经在这里驻足过，“足记”也由此得名。

从 2015 年 2 月 4 日新上线的一个小按钮——大片模式（将普通的照片，转换为宽屏形式，可加台词，还可以添加英语、日语、韩语等翻译，如同电影截屏一般）开始，到 3 月中旬，足记 App 的用户突破 500 万。从导演“叫兽易小星”到“阿里影业”，从写字楼的白领到在校学生，足记的用户量开始激增，导致服务器出现了几次崩溃。就连杨柳都有些自嘲地解释说：“足记火爆时，本身还是一个半成品。我们能火的原因，无非就是击中了大部分人记录自我和表达生活的心灵需求。”

从 K 策略到 R 策略

英国科幻小说家亚瑟・查尔斯・克拉克在他的科幻小说《遥远地球之歌》中描述了这样一个场景，人类经过反复计算，发现要不了两千年，太阳就会变成超新星而爆发，地球即将毁灭。虽然，对人类来说尚有时间，但我们终有一天要与地球说再见，所以需要启动一个撤离地球的计划。这里就会遇见一个难题：太阳系周围太空旷，以今天人类的观测水平计算，目前宇宙中能观测到的行星只有 1000 多颗；如果以能否具备生命条件为标准，暗淡的行星数据观测难度太大。所以，21 世纪的人类如果要撤离地球，将会面临“去哪都很远”“能去的地方很少”“去了也不一定活得下去”这三个问题。但离地球的毁灭只剩 1600 年的时间了，人类必须想出靠谱、可执行的对策。

对于星际移民，本书给出的解决方案是“K 策略变 R 策略”。“K-R 策略”是 20 世纪 70 年代出现的一个生态学概念，也就是说，人类从一个靠个体的高质量和长寿命来维持种群的物种，变成一个靠后代的数量来维持种群的物种。所以人类在得知太阳将变为超新星之后，制订了通过宇宙飞船分批次将冷冻胚胎送到宇宙中的地球撤离计划。

这里有必要重点介绍一下“K-R 策略”。1976 年，麦克阿瑟和威尔逊发展了莱克的思想，按栖息地和生命参数的特点，提出了生存发展的两种策略：R 策略和 K 策略。

简单来说，R 策略的种群延续策略是：大量繁殖，竞争存育；繁殖周期短促，子体直接从自然中获取能量。而 K 策略的种群延续策略是：少量繁殖，精心培育；繁殖周期延长，母体吸取自然能量，子体间接从母体处获取能量。

也就是说，K 策略培育一两个，每一个个体都是高质量和长寿命的。R 策略培育很多个，以数量来博取生存概率，每个个体都比较脆弱，死亡很多。

由于思维格局的牢笼很难打破，我们现在的企业往往做事情也习惯强调 K 策略，我们常常听到要做就做到最好。甚至我们认为 R 策略是低劣不道德的，但是，K 策略和 R 策略没有高低贵贱之分，在进化过程中各有利弊。

K 策略对应的种群，低生育力，但要求有高存活率，这样才能保证种族的延续，因此，K 策略对应的种群的防御和保护幼体的能力较强。由于有亲代关怀，K 策略对应的种群通常存活率较高，个体较大，寿命较长，这些特征保证了 K 策略对应的种群在激烈的生存斗争中取得胜利的概率较大。但是，当 K 策略对应的种群在死亡后，恢复到原有平衡态的能力低下，还有可能灭绝。

相反，R 策略对应的种群的防御和竞争能力不强，死亡率很高，种群很不稳定。但种群不稳定并不意味着在进化过程中必然不利。R 策略对应的种群不像 K 策略对应的种群那样易于灭绝。在数量低时，通过迅速增长就能恢复到较高水平；在数量很高时，消耗大量资源，使生境破坏，但种群通过扩散而离开被破坏的地方，并且迅速地在别的地方建立起新的种群。这就是说，R 策略对应的种群的各别种群虽然易于灭绝，但物种整体是富有恢复力的。如果说，K 策略对应的种群在生存斗争中是以智取胜，则 R 策略对应的种群就是以量取胜。R 策略对应的种群一遇到好机会就会大发展，所以有的学者将该种群叫做“机会主义者”。R 策略对应的种群的广运动性和需要连续地面临新局面，使其成为物种形成的丰富源泉。

回到我们今天的商业社会，由于企业已经无法把握各式各样的消费者的需求，所以围绕一个具体的需求把产品做到最好已经没有了基础，反倒需要企业用数量繁多的、不成熟的、半成品似的产品，来启发个体需求，如果产品能生存下来也就说明了企业有利可图，某种程度上也满足了用户对产品表达出个体需求的“养成心态。”

社会学家乌尔里希·贝克曾经表示：人类社会积累的总风险越来越大，而且风险的类型也越来越闻所未闻。但是，这是指人类社会的宏观风险。从微观上来看，正好相反，我们实际上生活在一个“低风险社会”中。从企业角度来看，面对海量的用户需求，宏观风险是大的，风险类型是多的，但从微观角度来看，企业行动的风险正在普遍降低，企业的试错机会更多。这也合理地解释了为什么我们这个时代的管理特点正在从丰田的精益管理思路，转为互联网的迭代创新思路。

2017 年 2 月 14 日，这天是情人节，Planet Labs 第一次实现同时把 88 颗“鸽子”卫星发送到近地轨道上。每颗仅重 5 千克，小而精细，低能耗，低成本，两年使用周期一到，便自动坠毁。在此之前的几周，这个成立仅仅 6 年的 Planet Labs 公司以蛇吞象的姿态，收购了谷歌公司旗下影像部门 Terra Bella。Terra Bella 生产的是直径不到 1 米、却带有直径 40 厘米摄像头的卫星，能提供清晰度、分辨率极高的地面图像。这种高分辨率卫星与 Planet Labs 的中等分辨率卫星互补，也就有了这个 88 颗“鸽子”卫星的诞生。Planet Labs 的野心就是实时地把地球表面数字化，这样就能和自动导航、天气、农业监测等无缝对接。

Planet Labs 创业之初就致力于利用技术将卫星变得更小、更简便、更节约成本，从而以更低的风险部署大量卫星。迄今为止，Planet Labs 已经发射了 300 颗卫星，这些卫星主要是 Nano Satellite，即微纳卫星，它们不高于 40 厘米，长宽都只有 20 厘米。Planet Labs 把它们称为“Dove”鸽子卫星，因为他们的目标是能够成群的放飞这些卫星。像放鸽子那样放卫星，当然成本低，迭代快，竞争优势巨大。

这就是 R 策略的实施案例，小成本、大规模、快行动，这是一种全新的选择模式。

第五章

从整合到离散

1836 年，德国小镇瑟梅尔达，此时一个情绪激昂的中年男人正在向普鲁士军方来访团慷慨激昂地推荐着他手中紧握着的一把看上去“非主流”的步枪。之所以说“非主流”，是因为在当时那个年代，步枪都是从前面枪口装弹药的，而这个枪的设计是从后面装弹药的。

这个中年男人知道这对他来说是一个等了二十多年的机会，用来展示他这么多年的研究成果，于是在一番讲解之后，他引导来访团来到空旷的工厂中央，并叫来了 20 多个工人，在他高亢的指挥下，工人们能快速地以各种姿势（卧、跪、立或行进中）演示装弹和射击，并且灵活地向前或向后移动。很快，普鲁士军认识到了这种“非主流”步枪的优越性。

这个中年男人是约翰·尼古劳斯·冯·德莱塞，1787 年出生于美因茨选侯国的瑟梅尔达（现德国境内）。虽然，他的锁匠父亲老德莱塞对于儿子要继承他的手艺寄予了厚望，但德莱塞从小就对枪械由衷热爱。22 岁的德莱赛只身前往法国巴黎，在巴黎炮厂开始了他的枪械生涯，那个时代生产的是从枪口装填的滑膛步枪，但德莱塞执拗地认为，从后填充弹药是可行的，并且这将大大提高填弹效率，22 岁的德莱塞在业余时间研究起了后膛枪，但并没有成功。

1814 年，在法国巴黎游历了 5 年之后，德莱赛离开巴黎炮厂，回到了自己的故乡瑟梅尔达，并在 1814 年成立了自己的工厂，生产火帽，就是在这个工厂他开始了后膛枪的设计。

1836 年，德莱赛完成了从后面装弹药的针发枪的设计，也成功地吸引了普鲁士政府的关注和投资，政府马上就收购了这一发明，并把它作为最先进的秘密兵器，进行秘密研制。

后膛枪 M1841

1841 年，德莱赛解决了针发枪的几项跨越性的关键技术后，德莱赛步枪立即被普鲁士军队采纳，这种枪的弹药从枪管的后端装入枪膛，并且有效地将弹丸、发射药和火帽用弹药筒连成了一个整体，故世人又称此枪为德莱赛针刺击发枪。后改名为 M1841 型德莱赛枪，这是世界上第一支被广泛采用的军用后膛装填步枪，采用旋转枪机和定装枪弹。这种枪弹结构特殊，弹丸、起爆药和黑火药全部装在一个称作“Treibspeigel”的圆筒状纸弹壳中，但起爆药不是装在弹壳尾部的，而是装在弹丸底面中间的。当扣动扳机后，弹簧的力量释放细长的击针，从枪机前端刺入弹膛内枪弹纸壳的底部，并一直向前直至刺到弹丸底部的起爆药，并将其引爆，继而点燃纸壳内的黑火药。在枪机被打开以前，其击针后部的一个扳手必须要先行移动，然后才能旋转并向后打开枪机，装填下一发子弹，再将枪机推到位并旋转关闭弹膛。在击发之前，需要用手将击针后部的那个扳手竖起并向后旋转到待击位置。

M1841 型德莱赛枪定型不久便投放到普奥（普鲁士和奥地利）战争中了。如果一个人要从枪口装弹药，那么人必须站起来，在缺少掩体的情况下，整个人都会暴露在敌人的枪口下；而后膛枪不一样，使用后膛枪，在卧倒的情况下就可以装填弹药，就很难被敌人攻击。并且，击针发火的方式比奥军使用的传统前膛枪的射速提高了近 5 倍。

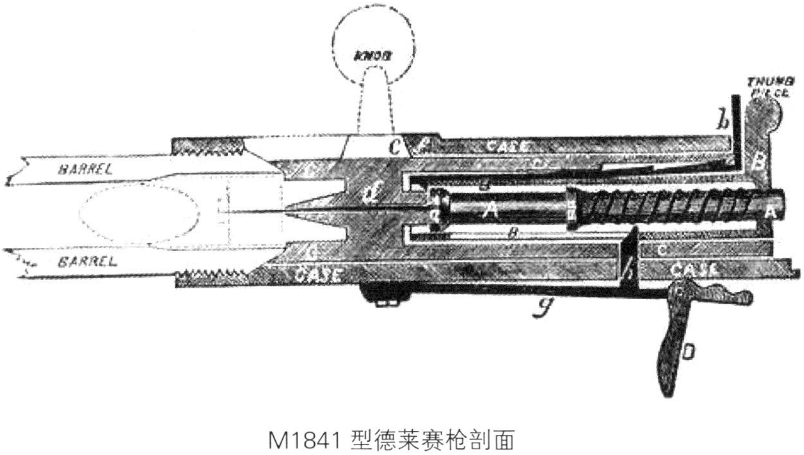

M1841 型德莱赛枪剖面

也正是这两个优势，M1841 型德莱赛枪给普鲁士军队带来了技术和战术上的优势。在普奥战争中，普鲁士军队依靠 M1841 针发枪子弹后装的优势，仅仅用了七周，就获得了战争的胜利。

1848 年，德莱赛针发枪的秘密被公开。但对于这种优秀的步枪，很多人都持反对态度。据说，一位普鲁士将军非常讨厌后膛枪，他在死时留下遗言，要求在他的墓地上用前装滑膛枪放一阵枪声，否则他死不瞑目。一个瑞士军事代表团访问普鲁士时，检阅了普鲁士后膛枪部队的瑞士将军边走边嚷嚷道："用嘴吃东西才是高贵的（指前膛枪），瑞士射手从来不会卑贱到使用从尾部装填的'灌肠枪'（指后膛枪）来射击。"

德莱赛步枪算是生对了地方，因为德国人对新科技的重视程度向来非常高，德莱赛式步枪从 1841 年起就武装了大量部队。在普奥战争中，普鲁士军队大败奥地利，很大程度上就是依赖于德莱赛式步枪。于是，德莱赛式步枪彻底淘汰了前膛枪，整个枪械史全面进入后膛枪时代。

在几次使用前膛枪的部队被使用后膛枪的部队打得稀烂后，强大的欧洲各国纷纷开始研制和装备后膛枪。后膛枪的应用也带来了整个作战思路的变革。后膛枪的发明是 19 世纪枪械的一次重大变革，它结束了步枪出世 500 年都是从膛口用探条把弹丸装进枪膛内的历史，被有些史书称为"开辟了轻武器和步兵战术的新纪元"。

阵法

在没有后膛枪之前，步兵的战术一般是靠组合和整合来演变各种阵法的。

在最初的时候，人们的战术思想和技巧还是比较落后的。而且由于古代的经济能力、科技实力和人口数量问题，基本上没有像现代动不动几十公里、上百公里，甚至几百公里的大战线，多半就是几百公里、几千公里，多则也只有数万人在一个战场的决战。这种决战，往往是阵法间的对抗。

在没有阵形以前，人类群体间的战争都是一拥而上，然后士兵们和敌人进行着散乱的、无序的格斗，最后胜利一般取决于哪一方的士兵更多、更擅长格斗技能（因为冷兵器时代，武器的精良程度往往也不能起到决定性的作用，尽管也有相当的作用，但是总体上并不存在巨大的技术差别）。

古希腊人发明了步兵密集阵，使战斗成为集体的战斗，被团结在一起的步兵不再是自由战斗的个体，不再是散乱与无序的，而是相互配合与支持的集体作战。这样的方阵在希波战争中体现出了价值。这种扼杀士兵们的个性而强调协调作战的改革是军事上的一大进步。

马其顿方阵阵形

以著名的马其顿方阵为例，这种方阵的阵形大约如下：64 名甲兵组成一个排，128 人组成一个连，256 人组成一个营，1024 人组成一个团，4096 人组成一个初级方阵。这个方阵除了重步兵，还包括 2048 名轻装盾兵，1024 名辅助兵和一个 1024 人的骑兵团，总计 8192 人。每个联合方阵由四个初级方阵组成，约 32000 人。

整个方阵，以联合方阵为核心，两侧有骑兵保护，后面有轻装盾兵和辅助兵相助，方阵的前几排有盾牌保护，后面则没有盾牌。整个方阵由长枪组成，而且是越来越长的长枪，据说最长能达十米。无数的长枪密如丛林，后面的长枪一排排地越过前面士兵的肩膀。

亚历山大大帝靠这种方阵横扫四方，成就一世威名。马其顿方阵必须和骑兵紧密配合，单纯依靠方阵是不容易取胜的，马其顿人在作战时会把方阵排成斜阵，即直角三角形或直角梯形，斜面向外，这样就会根据具体需要从某一侧包围敌人。一般敌人在马其顿方阵面前不会被立刻杀得四散奔逃，除非遇到马其顿方阵的冲锋。马其顿方阵可以整体合一，后面推前面，然后像一堵墙一样冲过去。敌人大部分会为其所困，竭尽全力地躲避众多的矛头，而这恰恰是马其顿将军所要的，敌人被放在一个大大的案板上，刀就是马其顿骑兵。

我们先看方阵的组成，兵种有重装步兵、轻装步兵、骑兵、辅助兵。

重装步兵：为主力兵种。每名士兵配备双手操作、长度约 4～6.4 米的马其顿长矛一柄，用以远战，同时有一面直径约 60 厘米的圆盾，平时以绳带挂于胸前，战时以皮带绑缚于左臂，用来保护自己的左侧和左翼战友的右侧，另有一柄短剑（匕首）用于近战。

轻装步兵：其装备的矛较短，盾的直径大一些（可以遮住跪着的士兵的全身），盔甲稍轻一些，机动性较好。

骑兵：主要由年轻的贵族组成，因此也将其称为“伙伴骑兵”。那时，马镫还没发明，因此他们的战斗力有限。他们使用的武器是一根马其顿长矛，再佩一柄短剑。作战时，反手持握长矛置于肩上，矛头稍向下刺出。刺中第一个敌人后，通常不再拔出长矛，而直接再用佩剑继续进行战斗。此外，由于他们速度较快，很多时候执行侦察、警戒、传令任务。

辅助兵：该兵种的盔甲更轻甚至无甲，以标枪、弓箭和投石器为主要兵器。

作战时马其顿方阵以连为单位，一个连由 256 人构成单元方阵（16×16）。士兵与士兵之间有着较大的间隔，马方阵前 4 排至 6 排士兵的矛头对准前方，后面各排士兵握矛的姿势依据军官口令或倾斜，或直立于地面。作战时，整个方阵以坚固的密集队形推进，猛烈冲击敌人的队伍。

方阵前是辅助兵及轻装兵，辅助兵主要执行远距离攻击，视情况部署，根据需要横向移动，填补战阵空缺或其他机动作战。此时，骑兵往往居于两侧，视情况包抄敌方或防止敌方迂回和包围。最佳作战效果是以骑兵为“锤”，以方阵为“砧”，像打铁一样把对方部队夹围于骑兵和方阵之间。

在可查的战争史料里，亚历山大对马其顿方阵的用法一般有以下两种。

（1）方阵为中军，左翼为亚历山大同样引以为傲的重骑兵，右侧是战斗力稍弱的轻步兵（矛短得多，盾牌略大），然后骑兵发起第一轮冲锋，紧接着中军的步兵方阵跟进，接下来右翼的轻步兵拖住敌人的左翼，等中军和骑兵的战斗结束后再去援助右翼（亚历山大就是用这种属于马其顿人的经典战术打败了数倍于自己的波斯人）。

（2）中军依然为马其顿方阵，骑兵安排在两翼，轻步兵置于骑兵之后，第一轮的冲锋交给中军方阵，然后骑兵跟进，最后轻步兵掩杀，这样的战术对方阵本身的机动性要求更高。

马其顿军团

公元前 333 年 11 月，两军在帕雅斯河开打，战线仅长 2600 米，因此这是一场密集的混战。亚历山大在得知大流士已经截断他的后方时，他开始孤注一掷。

波斯军队虽然在战前被夸大到 50 万人，但实际没那么多，应该在 20 万人左右，不过这已经是马其顿军队的 3 倍多了。

大流士面向南方，他准备把亚历山大挡在河边，把精锐的骑兵放在右翼，用以击破帕米尼欧率领的左翼部队。精锐的重步兵和希腊雇佣兵坐镇中央，其数量不少于马其顿步兵方阵。他们位于马其顿军队的前方的斜坡上，居高临下，还立起栅栏加强防御。他们以为在这种情况下，马其顿军队一定无法把阵势展开。

倘若波斯军队主动出击，这个战术是完全成功的，在狭长的河谷地带，马其顿军队无法组成完整的阵型，波斯人以其人数上的优势，踩都把马其顿人踩死了。但大流士又把主动权交给了亚历山大，他按兵不动等待着马其顿军队的靠近。起先平原太窄，的确如大流士所预料的一样，马其顿军队无法展开，但他没有抓住这个机会进攻，到黄昏时分，马其顿军队终于出现在了波斯人的眼前，当他们变换为战斗队形时波斯人开始慌乱了，走到最后两公里时，平原变得开阔了，马其顿军队展开了阵形，从 32 人的纵队，变为 16 人，再缩短为 8 人，骑兵绕到两侧，此时的波斯人看到这么一支精锐的部队开始有些害怕了。

亚历山大看见波斯人在他的右翼集中了大量的骑兵，于是他马上调动自己的骑兵到左翼增援。而他也发现了在他左翼的波斯军队显然战斗力较差，在这边只有一些经验不足的步兵和负责掩护他们的弓箭手，因为此时还没有到帕雅斯河的水季，水还不太深，骑兵很容易通过，因此亚历山大决定从这边发起总攻。

亚历山大力克波斯军团

11 月的天暗得很快，当亚历山大在下午 5 点左右发起进攻时，天已经有些暗了，亚历山大一马当先杀入敌阵，他们排成锋矢之阵向波斯军队右翼发动突击，很快就把波斯军队的防线突破了，右翼部队被切割开，而亚历山大长驱直入一直杀到波斯军队后方。正如亚历山大所预料的，防守右翼的波斯步兵不过是一群乌合之众，而负责掩护他们的弓箭手也没有发挥出他们的作用，由于天气比较暗，加上慌乱，弓箭都失去了准头。

此时，正面的波斯步兵正游刃有余地对付着马其顿军队的步兵方阵，而马其顿军队的右翼更是陷入了苦战，正当波斯军队以为胜券在握时，他们听到了背后的喊杀声。此时的波斯军队真的慌了，那些希腊的雇佣军马上撤退了，大流士暴露在马其顿军队前，在亚历山大的穷追猛打下，大流士落荒而逃，万王之王就好像失去了力量一样……

经过此战，大流士的波斯帝国已经元气大伤，无力再阻止亚历山大的东进。消息传到希腊时，人们还以为在做梦。此后的大流士虽然组织过反击，不过那已经是垂死挣扎了，而亚历山大此时应该相信他将能征服世界。

中国古代的秦军步兵方阵也是类似的密集阵法。秦军在作战时，在没有短兵相接的时候，就通过秦弩重创了敌人的主力，秦弩有效射程可达 100 米，是当时世界上最精准的武器，甚至还拥有一套自己的瞄准系统。在方阵中，弩、步、车、骑的规则分布，是秦国集权管控和强力军事制度的集中体现。根据地形地势，敌我方力量优势对比，方阵的统帅摆阵布兵，时而严阵以待，时而机动灵活地调整阵形，以最有效的方式调集着内部组织资源。

当然，除了马其顿方阵、秦军方阵，还有强调灵活变化的罗马方阵、适应险恶地形的瑞士纵队阵法、中国古代以少胜多的刘裕“却月阵”。

虽然，小说评书总是把中国古代战法说得玄乎其玄，但其本质也是很平实的，目的无非和西方的阵型一样，保持军阵完整，便于管理和维护士气，增加防御力、突击力、火力，便于各兵种配合，根据具体的战场需求和敌人的不同调整方阵等。

阵形将大量的个体作战单位进行组织化排列及展开，阵法是为了实现战术意图。阵形是战术的基础，而阵法则是战术的核心。

这核心便是“组合前进”！

“散兵”时代

在西方，整个 18 世纪步兵基本都是线式队列作战，但这种标准队形的弊端是僵化，不灵活，容易将自己暴露在敌方的火力之下。

排成横队的线性队列是从步兵方阵发展而来的。之所以要排成横队，主要是由于步兵兵器发生了变化，士兵手中拿的再也不是刀、矛、剑、戟等冷兵器，而是发射弹丸的火枪。早期火枪杀伤力有限，要想打中敌人不容易，士兵们列成横队，排枪齐射可以加强火力、增大作战的威力。在欧洲，最早的火枪手横队出现在 16 世纪西班牙的步兵方阵中。

18 世纪初，欧洲的火器技术发展迅速，过去的刀、矛、剑、戟等冷兵器基本已被淘汰，步兵都装备了带刺刀的前装燧发枪。火器的射程，步枪为 200～300 米，前装滑膛炮为 600～800 米，这比冷兵器有了更大的攻击距离，士兵不用短兵器就能杀伤对方。为了有效发挥火器的威力，军队普遍排成线式横队作战。起初，这种队列的纵深达 10 列，后来随着弹药装填速度加快，逐渐减少到 3～4 列。在接近敌方阵地时，第一列士兵取跪姿，第二列士兵取立姿，按照统一口令齐射，然后反方向进行装弹，接着后面两列已做好准备的兵士依次前进进行齐射。这样，在齐射的同时，整个队列以缓慢的速度前进，最后用刺刀同敌人决出胜负。

当时之所以采取这种队列作战，是因为士兵用的燧发枪换装弹药需要一定的时间，同时射击精度又不高。为增加作战的火力，也为保证指挥官能有效地控制部队，就需要士兵排成横列的编队，按照统一命令齐射。这种作战的胜负差不多完全是一次横队冲击的效果好坏来决定的。为了使横队排列得整齐划一，需要对士兵进行正规训练。因此，阅兵场从这时起有了更重要的作用。据说训练这样的一支军队需要 5 年的时间。这也就形成了 18 世纪欧洲军队作战的特点：机械死板、注重形式、墨守成规、缺乏创见。

19 世纪以后，军事技术尤其是步兵武器发生了革命性的变化：线膛枪替代了滑膛枪，后膛枪替代了前膛枪，连发射击替代了单发射击。有这一系列的变化是因为步枪的威力超过了火炮。在 1870 年的普法战争中，步枪造成的伤亡大约是火炮的 10 倍。以前步兵射击是从距敌 50～100 米开始的，现在则从 400 米外开始。在这种射程增加、精度提高、射速加快的步兵武器面前，如果沿用刻板的线式队列，只能是伤亡惨重，以失败告终。

懦夫的行为

在 1853—1856 年的克里米亚战争中，俄军与英法联军交战。战争中，联军除了武器胜过对手，在队形战术上也开始有了变化和改进。联军尝试用散兵战术，即步兵在接敌至步枪射程之内时，分成散兵线，一面射击，一面利用地形掩护前进，到达冲击出发地时再会齐，最后在优势火力掩护下向敌人展开冲锋。在实战中，俄军也发现了这种散兵战术的价值，并迅速效仿。在 1854 年 11 月的因克尔曼会战中，俄军面对敌人的优势火力，在进攻时预先把步兵纵队疏散成散兵线，以最小的损失通过了敌军的火力控制地带，接近敌人时冲锋，用刺刀消灭敌人。但这种新战术在当时并没有得到各国军方的重视，且在很长一段时间，这种散兵战术被各国军方嘲笑为胆小懦弱者的行为。

在美国南北战争中也出现过类似的情况。战争初期，受过正规训练的北军士兵在开阔的地面上仍然机械地按步兵操典规定，保持着步伐和密集的线式队列，结果成为南军士兵射击的活靶子。而不正规的南军士兵却在战斗中分散成一小群一小群，每两个士兵之间又拉开一定距离，当军官挥动军刀下达冲锋命令后，所有士兵迅速向前，虽然队伍既不整齐也无秩序，但效果很好。北军后来也学会了使用散兵战术，给摆开堂堂阵势的南军军团以沉重打击。

一直到 18 世纪末，无论在战略方面还是战场方面，都是以物理集中的方式前进的。而当拿破仑登场之后，他创立了一种分散的战略性前进方式，把军队分成独立单元，但在战术上还是采用集中的方式。

直到 19 世纪末，由于火力武器的作用，战术性前进也变成了分散式的，以减少火力的威胁；飞机的出现使得空中控制权也出现了，也提高了军队机动化水平；无线电的发展恰到好处，可以将军队在分散行动的同时，不失去控制和联系。

这一切使得行动分散的同时，各个作战单元也可以具有一个共同的单纯目标：前进。在完成一个共同目标之后，又可以在分散的状态下完成新的共同目标。这就形成了新的战法，是要通过分散前进的方式，渗透并控制一个区域，而不是单纯地去攻克敌方的一个战线；是以控制区域为原则，而不是以击溃敌人的兵力为原则。

现代战争发生了如此这般的变化，而现代营销在今天的新媒体形式变迁下又将如何走下去呢？

营销“黑科技”：电视机

1945 年，当德国签署无条件投降声明的消息传到战胜国时，人们欣喜若狂，走上街头欢庆胜利。经过战争洗礼后，人们也深刻地被战争的代价所震撼，逐渐把竞争从战场转移到了市场。因为大家逐渐发现，通过市场获得利益的方式比战场来得更温和有效，因为后者是硬性地抢夺土地和资源，而前者是占领人们的“大脑”。

这个时期新媒体“黑科技”——电视机诞生了，并开始走进家庭。1941 年出现了历史上的第一个电视广告。有了电视这种媒介，就可以创造出大量像可口可乐这样的全国性品牌了。

以当时的美国为例，幅员辽阔，消费者背景复杂，商品需求种类非常多，很难统一管理。但是有了电视之后，每种商品全国人就都只认那几个大品牌，商品品类一下减少了很多，超市的经营和扩张也变得更容易了。

1948—1949 年，电视机的价格降到了相当人均月工资 1.5 倍的水平。1946 年，美国制造了 6500 台电视机，1947 年是 17.9 万台，1948 年达到了 97.5 万台，1949 年更是达到 170 万台。广告模式也在 1948 年确定了下来：起初广告商赞助节目，担负节目制作的费用，但到了 1948 年，广告市场需求已足够大，电视台可以要求广告商为电视时间付费。广告商都愿意在大广播公司播出的全国性节目的间歇时间做广告。到 1949 年年底，电视广告收入的一半都进了大广播公司的口袋，地方电视台难以为继。到 1953 年，美国几乎所有的电视台都加入了大型广播公司。

1953 年 7 月，尼尔·博登就任美国市场营销协会的主席，他在就职演说中创造了“市场营销组合”（Marketing Mix）的概念，即“营销”是由多个元素组合而成的。为了寻求一定的市场反应，企业要对这些要素进行有效的组合，从而满足市场需求，获得最大利润。

尼尔·博登提出的市场营销组合原本就包括 12 个要素，杰罗姆·麦卡锡于 1960 年在其《基础营销》一书中将这些要素概括为 4 类：产品（Product）、价格（Price）、渠道（Place）、促销（Promotion），即著名的 4Ps 理论。它的伟大之处在于它把营销简化了，使其便于记忆和传播。

1967 年，菲利普·科特勒在其畅销书《营销管理：分析、规划与控制》中进一步确认了以 4Ps 为核心的营销组合方法。

产品（Product）：注重功能开发，要求产品有独特的卖点，把产品的功能诉求放在第一位。

价格（Price）：根据不同的市场定位，制定不同的价格策略，产品的定价依据是企业的品牌战略，注重品牌的含金量。

渠道（Place）：企业并不直接面对消费者，而是要注重经销商的培育和销售网络的建立，企业与消费者的联系是通过分销商来进行的。

促销（Promotion）：企业要通过销售行为的改变来刺激消费者，以短期的行为（如让利、买一送一、营销现场气氛等）促成消费的增长。

之后，市场营销组合又由 4Ps 发展为 6Ps，6Ps 是由科特勒提出的，它是在原 4Ps 的基础上加上了政治（Politics）和公共关系（Public Relations）。随后，科特勒又进一步把 6Ps 发展为 10Ps。他把已有的 6Ps 称为战术性营销组合，新提出的 4Ps 为：研究（Probing）、划分（Partitioning）即细分（Segmentation）、优先（Prioritizing）即目标选定（Targeting）、定位（Positioning），新的 4Ps 被其称为战略营销。到了 90 年代，又有人认为，包括产品、价格、销售渠道、促销、政治和公共关系的 6Ps 组合是战术性组合，企业要有效地开展营销活动，首先要有为人们（People）服务的正确的指导思想。但这一切的核心都是由营销组合 4Ps 演变而来的。

虽然 4Ps 横扫近半个世纪，但到 90 年代，随着消费者个性化日益突出，加之媒体分化、信息过载，传统的 4Ps 逐渐被 4Cs 所挑战。

美国市场学家罗伯特·劳特伯恩提出的 4Cs 是：顾客（Customer）、成本（Cost）、便利（Convenience）、沟通（Communication）。到 21 世纪初，美国学者唐·舒尔茨提出了基于关系营销的 4R 组合，受到广泛的关注。4R 组合阐述了一个全新的市场营销四要素，即关联（Relevance）、反应（Response）、关系（Relationship）和回报（Return）。

虽然，这其中数字加字母的组合在不断变化，但核心都是“资源集中，统一扩散”的道理，这源于以下两个方面。

（1）市场营销策略多源于军事战略，在 20 世纪前，军事的主要变革在于组织而不是科技，更不在于数学。我们知道，古罗马军队的优点在于有效的组织、铁一般的纪律和强大的后备力量。这也使得早期的市场营销更多地强调组织结构优化、资源的集中和效率的提高。

（2）依托于广播媒体的兴起，广播的传播形式就是中心聚焦，再对外扩散传播。

所以，与其说营销专家定义了市场策略，不如说新媒体传播形式的出现让营销专家演绎了市场策略。广播媒体的优势在于实现了由上到下的“集权”式的“洗脑”，这也就是营销人所希望的，这也回应了我们本节开头提出的观点——“占领大脑”。有报道显示，由于美国电视业的发展，在 1985 年很多人已经开始大量尝试通过制作特定的电视节目来引导大家的价值观和思想。

整合营销传播，未尝不是一种执念

我们如果把 4Ps 或是 4Cs 归纳为一种“集权”洗脑式的营销思维方式，那么将这种思维方式推向极致的理论就是被现代营销人津津乐道的整合营销传播（IMC）。

“整合营销”理论产生和流行于 20 世纪 90 年代，是由美国西北大学市场营销学教授唐·舒尔茨提出的。整合营销就是“根据企业的目标设计战略，并支配企业各种资源以达到战略目标”。简言之，就是从“以传播者为中心”到“以受众为中心”的传播模式的战略转移。

建立在这个理念基础上的整合营销传播是指企业在经营过程中，以由外而内的战略观点为基础，为了与利害关系者进行有效的沟通，以营销传播管理者为主体所展开的传播战略。具体来说，在 20 世纪 90 年代，奥美国际提出的“360 度品牌管家”就是这个理论的具体实践，即一套完整的企业计划涵盖广告、促销、公关、直销、CI、包装、新闻媒体等一切传播活动，要传递出统一的传播信息。所以，整合营销传播也被称为“用一个声音说话”，即营销传播的一元化策略。

然而，这里面有个思维假设是矛盾的，这便是“企业目标”和“以客户为中心”。坦率地说， 由于当时媒体传播环境的限制，“以客户为中心”在那个时代是一个“伪命题”。姑且不说作为“客户”的亲身体验，这个“中心”就无法实现，我们可以设想当企业面对千万个中心的时候，必然与企业大规模化背道而驰，企业和客户永远都不可能完全站在同一角度看产品。

福特汽车公司的“只要是黑的便是好的”理念也出自奥美国际所阐述的商业哲学。其实，我们往往是将企业创造的标准需求包装成了人们“真实”的需求（黑色汽车真是你想要的吗）。

工业革命之后，社会产生了大量商品，人们由自给自足的农工社会，进入了需要分工协作的工业社会。人们进入城市，努力工作购买他们自己生产着的并不需要的产品。但这些并不需要的产品又被包装成生活的必需品。这就是工业制造的“假象”。营销人会将这些假象伪装成以用户需求为中心的，但实际上并不是以用户需求为中心的，而是以构建大脑中的假象为中心的。

所以，“整合营销”围绕的只是一个用户假象。通过整合想要达到的目标是，创造标准化的产品需求，再通过整合营销传播来让用户适应公司创造的需求，而不是真正满足用户的需求。在此场景下，人作为个体就会被环境和群体所驯化，个体的妥协变成了一种习惯，习惯渐渐变成了一种本能。这就如同纳粹宣传大臣戈培尔所说的“谎言重复千遍就是真理”“宣传的基本原则就是不断重复有效论点，谎言要一再传播并装扮得令人相信”，这也被称为“戈培尔效应”。

从线性到非线性

正如哲学家把对于宇宙和人生思考的终结问题留给了物理学家一样，营销专家的问题往往需要媒体技术专家来解决。在我们看来，营销策略无非是对媒介传播形式的一种诠释，新媒体形式的出现势必为我们带来新的营销解决方案。

2006 年美国《时代周刊》年度风云人物奖颁给了所有网友，只有一个词：You，封面上显示的是一个白色的键盘和一个电脑显示器的镜面，镜面里有消费者自己的镜像。

也同样是在这一年 9 月 11 日，成立近两年的 Facebook 对所有互联网用户开放，这引起了很多已有用户的抗议。但两周后，Facebook 仍旧对所有拥有有效电子邮件地址的人开放注册。这是 Facebook 迈向社交帝国的关键一步。

这一年的种种迹象表明，媒体开始走向自主的个人时代。就如同当年《时代周刊》认为的，随着博客、网络社区、视频网站的兴起，网络不再是公共机构或组织，网民正成长为“新数字民主主义公民”。媒介的话语权从集团走向了个体，媒体进入自媒体时代。

自媒体时代是指以个人传播为主，以现代化、电子化手段，向不特定的大多数或者特定的个人传递规范性及非规范性信息的媒介时代，从论坛、社区、博客，再到微博，媒体变得越来越个性化、个人化，每个人发言的自由空间越来越大。人人都有麦克风，人人都是记者，人人都是新闻传播者。这种媒介凭借其交互性、自主性的特征，使得新闻自由度显著提高，传媒生态发生了前所未有的转变。

我们进入了与以往完全不同的传播链路中。传播链路由单向链路向网络双向结构发展，由一个一个的中心组成，没有绝对的中心节点。

整合营销的概念在这个媒体碎片化的时代似乎很难行得通了。然而，我们在营销界能看到的是，即便现在也不乏整合营销的信徒。其原因在于整合观念符合人们的线性思维模式（一种直线的、单向的、单维的寻求问题的解决方案的思维方法）。举个例子，思维导图就是一种线性工具，营销人经常爱用的提案

PowerPoint 软件也是一种线性逻辑的表达方式。

与此相对的，有一种非常反直觉的思维模式，叫“非线性思维”。非线性思维则是相互连接的非平面、立体化、无中心、无边缘的网状结构，类似人的大脑神经和血管组织。非线性思维适应于今天的网络世界。

由于我们所有的底层思维、逻辑，全都是以线性为基础的，让我们切换到“非线性”的方式去思考营销工作，实在有些难度。

《你一生的故事》

特德·姜所写的科幻小说《你一生的故事》中设计了一个概念“非线性时间”。小说讲述了一个外星人降临地球的故事，但是在支离破碎的叙事线索中，又夹杂着一个母亲对自己女儿的回忆，但时间线又是打乱的。直到故事最后，谜底才最终解开，原来是一种叫“非线性时间”的物理学概念扭曲了整个故事。

故事设想发生在 20 世纪 90 年代的一个晚上，地球上突然出现了 120 个外星装置。这是一些双向显示器，兼有摄像头和显示器的功能。屏幕里的外星人长得像一个大圆桶，在桶的外圈上长了七条腿，人类就给外星人起名叫 “七肢桶”。而小说的女主角，就是代表美国和七肢桶对话的语言学家。为了和外星人沟通，女主角使用了“确定语素”的语言学习法：先指一下自己的身体，然后说“I am human”，接着一遍一遍地重复这个动作，找到语素和动作之间的对应关系。

七肢桶在看见人类的动作之后，做了同样的动作，发出一些噗噜噗噜的音节。人类分析了这句音节之后，发现有两个问题：第一，噗噜噗噜声是完全粘连在一起的，导致人类完全没办法从里面提炼语素；第二，人类发现无论七肢桶说什么，都是噗噜噗噜这么一声，句子没有长短之分。

后来借助科技手段，人类发现噗噜噗噜声其实是很多层声音叠在一起之后的混合声。七肢桶的说话习惯是把 100 句话同时叠在一起，然后在 2 秒钟内一起播放。如果信息量多，它就会叠加厚度，而不增加句子的长度。

女主角基本弄懂了七肢桶的语言和文字，他们说话是一次性说完，打字也是一次性打完。无论是文字还是语言，都不仰仗时间的流逝。七肢桶这个生物和时间概念没有关系。如果让七肢桶讲一遍《哈姆雷特》，他会一次性喷一幅《哈姆雷特》这个小说的人物关系表出来。整个故事就是一个人物事件的平面图，所有人物的命运一目了然。

女主角在弄明白这些之后恍然大悟，为什么七肢桶会进化出这样的语言和文字，是因为他们来自一个没有时间线的世界，他们的世界是没有前后的。

我们先来想象一个像巨无霸那种有很多层的汉堡包。生活在线性时间的人类的一生，就像从最高处的第一层开始往下吃汉堡包。我们每个人不过完自己的这辈子，就不知道人生是个啥滋味。这种一层层吃，顺序不能乱的吃法，就是线性时间里的人生。

而小说里的七肢桶的时空观，是一个横着吃汉堡的过程。在他们看来，整个汉堡是一目了然的，整个汉堡的口味，都是命中注定的。在七肢桶眼中，人生是把汉堡这个圆柱体越吃越瘦的过程，每一口都包含所有层的食材。从七肢桶的角度来看，一切都是注定的，是去因果化的。这就是小说里描写的，七肢桶的非线性时空观。

这篇小说给我们描绘了这两种时间线相互垂直的生物的相遇场景。我们可以想象，两个种族在时间概念上的差别，就相当于立体几何里，两条相互垂直的坐标轴之间的差异。这两条坐标轴是 90 度的垂直关系，人类站在自己的坐标系里看对方，当然觉得时间不是线性的。

横向与纵向

1998 年美国普利策奖和英国科普书奖，都授予了贾德·梅森·戴蒙所撰写的《枪炮、病菌与钢铁：人类社会的命运》，这本书回答了一系列问题，其中就包含："为什么是欧亚大陆人征服、赶走或大批杀死印第安人、澳大利亚人和非洲人，而不是相反？"原因之一就在于横向线性发展和纵向非线性发展的差异。

贾德·梅森·戴蒙认为：欧亚大陆主要是东西向（横向）的，而非洲和美洲大陆主要是南北向（纵向）的，大陆轴线的差异影响了传播。现存的文字中心与科技中心有两个主要的发源地，即地中海东部和东亚。这两处纬度相近，气候和自然资源都便于人类繁衍生息，人口基数一直较大，交通也比较便利，各种创意点子因此层出不穷。人口越多，社会流动性越强，各个团体之间交往越频繁，取得技术进步的可能性就越大。历史上，地中海东部和东亚之间不断往来（如丝绸之路和香料之路），从而带动了整个亚欧大陆的科技、经济和文化发展。而非洲和美洲大陆南北长，东西窄，各地气候差异大，人类交往少。结果，农业、牧业和工业，都首先出现在亚欧大陆，而且发展速度很快。

因而，造成今日非洲和欧洲巨大发展差异的，并非人种的生物学差异，而是两大洲的"不动产"——横向和纵向传播环境。

横向传播	纵向传播
物种是相近&相似的，易沟通	物种是多元&分割的，难沟通
资源少，竞争多	资源多，竞争少
特点： 集权、单目标、简单、效率 存量	特点： 离散、多目标、复杂、活力、 增量

横向传播特点与纵向传播特点对比

我们借用映射的方式把营销的线性和非线性形象化处理一下，从中找到答案，也更加证明了我们之前谈到人的波粒二象性，传播也是如此。

我们可以认为线性传播往往是符合下图的模式的。

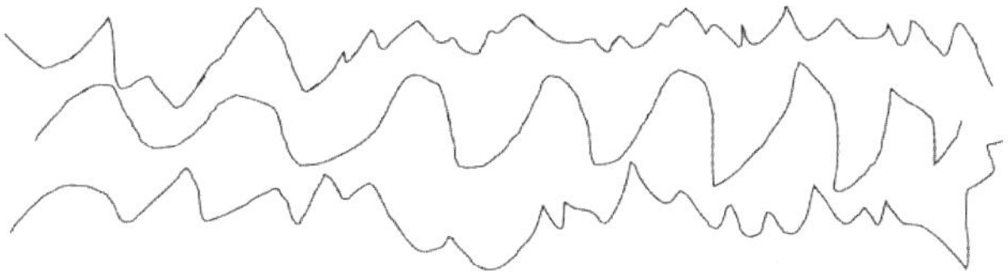

线性横向传播示意

在这个线性传播中，传播受限于时间、空间的偏度，呈现横向波动状，人们往往会借用可以广泛扩散的媒体形式，如书籍、报纸、广播、电视等。

而当我们旋转90°来映射这种传播时，如下图所示。

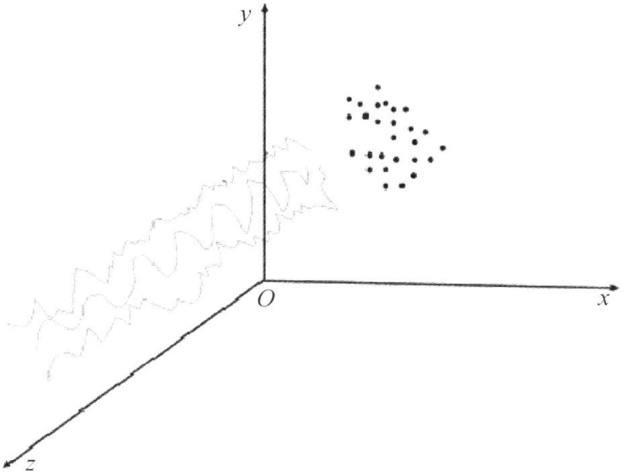

非线性纵向传播示意

我们看到的是在另一个维度上会出现一个一个的点，没有开头也没有结尾，呈现纵向粒子性。当我们把营销传播视为横向波动性和纵向粒子性的统一来观察的话，就很好地解释了人的波粒二象性。同时，也告诉我们，今天的营销在横向和纵向上我们都需要考虑。

第六章

从人群到人格

科西嘉口音很重，由于身材矮小，外加不修边幅，士兵们在背地里嘲笑他为“土老帽”“冒牌的贵族子弟”。但这并不阻碍他以稳健的步伐走上高台：

“士兵们，你们缺吃少穿，共和国亏欠你们很多，但是国家还没有力量还债。

我是来带领你们打进天下最富庶的平原去的。丰饶的省区、富裕的城镇，任凭你们处置。

士兵们，你们面临这样的前景，能不鼓起勇气坚持下去吗？”

26 岁的总司令

1796 年 3 月 2 日，26 岁的拿破仑被任命为法兰西共和国意大利方面军总司令，接替原意大利军团总司令舍雷尔将军的职务。3 月 27 日，拿破仑一行到达意大利军团驻地尼斯，在这里建立了司令部。三天后，拿破仑检阅了自己的部队，他很快就明白了为什么法兰西共和国最有势力的将军都不要求担任这个职务。

这支意大利军团简直就是一支饥饿的、衣衫褴褛的军队，炮兵、骑兵严重不足。士兵们简直像一群土匪，巴黎供给这支军队的物资微乎其微，很快就被士兵们肆无忌惮地偷盗一空。4.3 万人没有军饷，没有军粮，没有鞋袜，没有衣服，没有营帐，没有扎营工具，没有运输工具，物质生活极为匮乏。饥饿的军队到处抢劫和偷盗，反抗和开小差不时发生，士气十分低落。

为了鼓舞士气，拿破仑发表了极富煽动性的动员演说。鼓励士兵用武力向敌人索取，而不是等待政府的供应。于是，他迅速宣布了一个突破意大利通道、变敌方最富饶地区为战场的大胆计划。士气日益低沉的士兵们听了这位年轻无畏的带头人的一番演说后，满怀希望和信心。

在这次演说之后的一周，拿破仑开始了对皮埃蒙特的征服，开始了意大利战争。4 月 12 日，拿破仑率近万名法军突袭由阿尔热托指挥防守蒙特诺特的奥撒联军的中路军，奥军来不及认真抵抗便溃散了，法军夺取了奥撒联军的天然联结点蒙特诺特。奥军损失了 3000 余人，其中 2000 人成为法军的俘虏，余部退守米里希摩和代戈。仅仅两周左右的时间，敌对方之一的撒丁国王被迫宣布退出战争，派代表到都灵南面的凯拉斯科城，同拿破仑进行单独媾和的谈判。

4 月 26 日，拿破仑在凯拉斯科城怀着胜利者的喜悦又一次向士兵们发表了鼓舞人心的演说。

正在发表战前演说的拿破仑

“士兵们，你们在 15 天内取得了 6 次胜利，缴获了 21 面军旗和 55 门大炮，攻克了许多坚强的阵地，占领了皮埃蒙特最富饶的地区，俘虏了 15000 名敌军，杀伤敌人 1 万多名……你们什么都缺少，却补充了一切。你们没有大炮但打了胜仗，没有桥梁但渡了河，没有鞋但行军迅速……

士兵们，祖国期望你们去取得重大成就，你们不会辜负祖国的期望吧？你们还有许多仗要去打赢，许多阵地要去夺取，许多河要去渡过。你们当中是否有人士气低落了呢？没有！我们所有的人都要去建立光荣的和平……我们所有的人都希望，在回到自己村子的时候，能说上一句：我曾经在战无不胜的意大利军团作过战。”

士兵们的尊严和荣誉感被激发起来了。这支曾经是衣衫褴褛、半饥饿的士气低落和纪律涣散的军队，在拿破仑的带领下，已成为一支所向无敌的优秀军队了。军中再也无人怀疑拿破仑的权威和指挥能力，将领们最初对拿破仑的嫉妒和不信任也一扫而空，拿破仑获得了部下诚恳的信仰与合作。

至此，拿破仑取得了意大利之役的全面胜利，之后拿破仑的威信越来越高，他成为法兰西共和国人民的新英雄。

受众的起源

拿破仑发表战斗演讲时，现场的士兵们就是他的受众，所以这时决定受众多少的因素在于场所的面积，我想拿破仑一定会选择一个开阔的地方，聚集人群，站在高处来获得有利位置，并且如果还有不同的战前营地的话他还需要多次宣讲。

保罗以罗马人的身份在古罗马帝国的地中海各地进行了他的三次传道之旅，足迹遍及小亚细亚、马其顿、希腊及地中海东部各岛，共计一万两千里远，他正是通过这种频繁地奔走传道，来获得更多的受众。

那时的“受众”就是“信息接纳者”，是需要进行面对面沟通的。

今天我们要探讨的媒介受众，起源于古代体育比赛，以及早期公共戏剧与音乐表演。我们对受众的最初了解，与人们聚集于某一固定的地点相关联。当时，每一座古希腊或古罗马城邦都拥有剧院或竞技场。古代公共事件的观看者——受众有自己的习俗和行为规则：有对时间、地点和演出阵容的预期，有准许进入的条件等。这是一种典型的城镇现象，常常依托于一定的社会经济基础，其内涵因社会阶层和社会地位的不同而异。

有关注搏斗、比赛、竞技、喜剧和马戏的，也有更多受过良好教育的人们热衷于文学和音乐作品。即便这样的早期受众，在一种更为庞大的拥有专业化的作者、表演者、制作者和经营者的体系中，也只是其中的一个元素。古希腊、古罗马时代的受众被置于一定的时间和空间中。他们一边听、一边看现场表演，一边做出即时而直接的反馈。这意味着受众群规模虽然可能数以千计，但是按照今天的标准来衡量也是很小的。

15 世纪，印刷品的出现催生了最早的大众媒介受众。这时非宗教性的读物开始规模化地供应，人们可以通过购买这些读物，满足自身学习知识、娱乐消遣和提高修养等方面的需求。18 世纪初，定期出版的杂志期刊和报纸开始流行。19 世纪，新技术使得印刷品的价格更低廉，品种更丰富。19 世纪末，随着城市化的推进，印刷技术的革新，识字人口的日益增长，以及生活水平的不断提高，使得一度平静的书籍与期刊领域开始向着同时生产数百万册印刷品的大规模产业化方向转型。

现代媒体受众的产生

尽管现代社会还存在大家聚在一起观看表演或比赛的场景，如在剧场观看现场演出、在体育馆观看现场比赛，但是报纸、电影、广播、电视等媒体的出现大大改变了“受众”这一概念的内涵和外延，因此现在所说的受众通常指的是大众传媒的受众。

1833 年 9 月 3 日，22 岁的印刷商本杰明·戴在纽约创办了《太阳报》。当时，美国的日报价格一般定在 6 美分一份，按年收费。大多数人因此订不起日报，日报的销量也一直上不去。1830 年，美国每天的报纸销量才 1200 份。

而《太阳报》售价低无可低，只有 1 美分。如此低价的报纸要想不亏损，就必须吸引大量的读者，然后才能从广告商那里赚取大笔广告费。戴宣布说："本报的宗旨为，以人人都付得起的价格把一天中所有的新闻都报告给公众，同时为广告提供理想的媒介。"报纸创建伊始非常艰难，因为没有读者，广告商就不会来做广告。1833 年，好几个出版商都试过开办 1 美分报纸，均未成功。戴为了使他的报纸站住脚跟，先在《太阳报》上重印已经登载在常规的 1 美分报纸上的广告，然后和广告商真正签约。他还效仿伦敦的做法，雇用报童在街上叫卖报纸。报童自己花 67 美分买 100 份报纸，然后按每份 1 美分的价格售出。销不掉的报纸不能退货，这促使报童卖力推销手中的报纸。同时，戴不必操心报纸卖不出去会给他带来亏损，读者也不必订一年的报纸，什么时候想看报买一份就是了。另一个发明是，广告商必须事先交付广告费，戴因此有了资金保证。《太阳报》一炮而红，到 1834 年 1 月已有 5000 名读者，成为美国最大的报纸。

传播者与受众之间的关系被简化为一种"计算"关系，一种买卖关系，受众成为媒介资本和广告商（广告主）的"打工仔"。这也是营销人最经常接触到的现代受众形式。

现代受众指的是随着广播媒体的出现而出现的包括报刊和图书的读者，广播、唱片的听众，电影、电视、舞台剧的观众，以及新兴媒体，如网络、手机的使用者。

受众按照英国传媒学家丹尼斯·麦奎尔的说法，是社会环境和特定媒介供应方式的产物。丹尼斯·麦奎尔将受众研究分成了三类："结构性"受众研究、"行为性"受众研究和"社会文化性"受众研究。

"结构性"受众研究：使用数据及人口统计进行综合分析，就是我们获得的人口属性，如男女、地域、年龄结构等信息。

“行为性”受众研究：主要探讨媒介对受众的影响、受众选择媒介的动机，以及造成媒介满足的社会原因，如受众的兴趣、偏好、关注等。

“社会文化性”受众研究：不同媒介内容的受众通常由不同的“解释团体”构成，“解释团体”中的成员大体分享相同的话语形式和理解媒介意义的框架；通俗地说，这就是社交关系属性，如社群、关系、圈子等。

结构性和行为性受众研究主要采用调查统计和心理实验等定量研究方法，这种方法常常为“主流”的受众研究所采用，试图在社会和文化的意义上全面深入地把握受众，强调对“人”的再发现。

按道理来说，我们的工作应该可以满足我们的需求了，但不幸运又幸运的事发生了——媒体技术发展了起来。

从受众到画像

交互设计之父艾伦·库珀在 1998 年出版的《软件创新之路》一书中最早提出用户画像（Persona）的概念：用户画像是从真实的用户行为中提炼出来的一些特征属性并形成用户模型，它们代表了不同的用户类型及其所具有的相似态度或行为，这些画像是虚拟的用户形象。

这种方式的好处是极大地解决了之前媒体受众存在的一个致命问题。与古代的“受众”概念相比，现代的“媒体受众”具有人数众多、规模较大的特点，在空间分布上呈现出非集中化的特点。这带来的好处是你的“受众”数量获得指数增长，但这时“受众”并不都完全是你的“信息接纳者”。甚至，随着“受众”的指数增长，他们成为“信息接纳者”的比例也会逐渐降低。

媒体不是把现实世界中的真实故事复制出来，而是将真实的故事通过某种方式进行加工，而“制造”出的“现实”：“现实不能再被简单地认定为只是一套被给定的事实，而是一种构建事实的某种特别方式的结果。”早在 10 余年前，做受众分析会更多地从传播媒体角度来进行意图构想，通过受众画像的描绘，来使得从“受众”到“接纳者”的转化率更高、组合更优，能获得更好的“鼓动、说服、传道”效果。

所以，无论如何，媒体“受众”都略等于“信息接纳者”，而媒体受众最初被定义出来的“打工仔”身份，便是希望将信息传递给“受众”，进而成为“信息接纳者”，最终影响受众，形成用户行为。

通过信息获取数据，挖掘用户画像，将人们划分为不同的群体，每个群体内都有相同或相似的购买行为，因为具有共同的价值观与偏好，所以他们对待某一品牌、产品或服务时也会体现出类似的态度。因此，用户画像所描述的是不同的客户群体最显著的差异化特点。最初，用户画像只建立在少量用户的行为数据基础之上，随着数据技术的发展，作为调研对象的用户数量不断增加。

在营销中，用户画像经常与市场细分的概念合用，代表着某一个细分市场的典型客户，它帮助企业或政府更好地理解用户及用户诉求，与其进行有效沟通。一个用户画像所包含的基本方面，有人口统计层面的，也有个人兴趣爱好、行为习惯、相关的需求与目标等，通常也会借用一个真实人物的形象来代表该类典型形象。

同时，随着大数据技术的发展，大数据消费者画像出现了。 所谓消费者画像，即在已知事实或数据之上，整理出的每一个消费者/用户/客户的相对完整的档案。既然是档案，那么消费者画像会含有大量的数字、百分比、平均值、标准偏差、统计比较等。由于每一个抽象出来的用户特征会用一个相应的标签来表示，因此，消费者画像也常被看作关于用户信息的标签化的结果或各种标签的集合。大数据消费者画像带给我们的不是一个具象的人物类型，而是关于所有对象的不同类型的数据所呈现出的总体特征的集合。

按照大数据的计算，通过各种标签还原出消费者的各种特质与轨迹，又需要把消费者放入情景化中，把这些特质的表现串联起来，这样营销战略既能够有数据化的精确，又能有效切入消费者的生活轨迹。

画像数据维度的划分方法根据企业的使用目的不同而不同，但一个典型的消费者画像通常会采用以下这些维度，根据不同的划分角度，这些维度会有重叠的部分：

人口学特征：性别、年龄范围、收入、家庭状况、所属行业等。

生活方式特征：消费特征，包括消费状况、购买力、消费地点偏好等，还包括美食偏好特征、教育选择、设备使用偏好等。

线上行为特征：上网行为特征，包括网站浏览行为特征、邮件使用、搜索行为等，还包括 App 的类型选择和使用特征。

线下行为特征：地理位置移动信息如出行规律、商圈级别、差旅习惯等，休闲行为如旅行的目的地、酒店选择偏好等。

社交行为特征：社交人群、社交习惯（包括线上线下的习惯）等。

随着计算技术的发展，上文谈到的受众研究的三类主题：“结构性”“行为性”和“社会文化性”研究都被数字化和数据化，而这也使得受众的研究可以直接从媒体的意象转化为更贴近的场景描述。

画像的困惑

“大明，男，31 岁，已婚，月收入 3 万元以上，爱美食，团购达人，喜欢红酒配雪茄，他们往往标榜自己爱运动但总没时间运动……”分析师郭晓圣正在季度会议上分享着用户画像。

“你们这个 Social Listening 的结果，和调研问卷的结果很不一样啊？”产品经理董天华对这个“大明”的用户画像报告提出了自己的质疑。

的确，这是在现实营销场景下普遍遇到的情况，不同数据源分析出的各种各样的“大明画像”之间存在着不少的差异。这就如同我们尽管在前面章节中谈多元世界，但我们总是会将这些大明画像强行放到同一个世界中来统一衡量，即便是这些大明画像在每个世界中都是对的，但我们还是被困惑住了。

这种“大明画像的困惑”便是营销界的“外祖母悖论”现象。借用“平行宇宙”理论来解释，大明画像在每个数据源场景下都是单独成立并行之有效的，比如通过电商数据源得出的分析结果可以应用在电商营销中；微博数据得出的结果可以用于微博运营；线上调查问卷的结果用于线下促销更为合适等。当然，营销大拿们更想统一地来解决这个问题，那我们就需要了解今天消费者画像的几个特性。

（1）媒体偏度。

美国心理学家霍尔指出，虽然在传者和受者之间会出现妥协和对抗，但是受众始终不能逃脱主流意识形态的支配和控制，因此“传媒的意识形态角色毫无疑问具有唯一的、独有的功能”。传媒形态的独有性，也势必带来媒体的倾向性解读。倾向性解读指的是一个文本虽然向若干潜在的解读开放，但是通常倾向于某一种或几种解读方式。

曾经有人就“媒体是有公众责任的，应该不偏不倚，只就客观事实进行报道”提问过美国《时代》周刊创办人亨利·卢斯，他的回答是：“谁告诉你们我要办一家公正客观的媒体了，我就是要传达价值观。”

著名的加拿大政治经济学家哈罗德·伊尼斯曾经表示：“传播媒介的性质往往在文明中产生一种偏向，这种偏向或者有利于时间观念，或者有利于空间观念。”这也说明媒体作为媒介在本质上是存在偏向的。

所以，我们有充分的理由认为特定媒介体系的符号就决定了媒介本身不是中性的，并且，在媒介信息以符号的形式进行编码、解码的过程中，也会受到影响而出现偏向。

既然媒体存在必然的偏度，我们在描绘受众画像的时候，选择不同的媒体平台数据也必然会出现矛盾的现象，只是现在的数据收集方式和媒体平台太多，使得问题也更加突出罢了。

（2）群体干扰。

赫伯特·布卢默是早期芝加哥社会学派的成员之一，他提出，受众这一典型的新型集合体的形成，是现代社会各种因素综合作用的结果，并称之为“大众”。

这个版本的 “大众”，常常被视为像一盘散沙一样孤立无助的被动消极的个体，在大众传播中，他们处于单向的、非人格传播的接收端，是中弹即倒的“靶子”和任人操纵的“群氓”。早期传播效果理论“魔弹论”眼中的受众便是如此。此后，随着社会的发展和研究的深入，人们重新发现了“作为群体的受众”，发现了“顽固的受众”，也出现了各种不同的受众观。

法国社会心理学家古斯塔夫·勒庞在《乌合之众：大众心理研究》一书中指出，当一个人是一个孤立的个体时，他有着自己鲜明的个性特征，而当这个人融入群体后，他的所有个性都会被这个群体所淹没，他的思想立刻就会被群体的思想所取代。

我们往往想勾勒真实的受众行为，古斯塔夫·勒庞的观点告诉我们，在群体的环境下，受众表现出来的未必是他真实的行为，我们不能说哪个行为对，哪个行为错。

（3）场景扭曲。

人在不同的场景下会有不同表现，所以，我们需要了解的用户片段类似于粒子相连的场景，而不是人本身。在现实生活中，社会情境的影响远远超过了一般人的想象，对于我们的行为有着决定性的影响。

1971 年夏天，斯坦福大学心理学教授菲利普·津巴多和同事们在大学地下室搭建了一个模拟的监狱，并且征集了 24 名心智正常、身体健康的志愿者，每人每天可以得到 15 美元报酬，但是必须完成 14 天的实验。这些志愿者被随机分成两部分，12 个人充当警察的角色，另外 12 个人充当囚犯的角色。仅仅 6 天之后他们就展现出了人性最阴暗、最丑恶的一面，警察虐待犯人，犯人竭尽所能讨好警察。

我们的大脑在控制我们的行为，那谁在控制我们的大脑呢？其中一个答案就是环境。在特定的环境中，我们有可能为了适应环境，让自己变得不可理喻、残忍、脆弱、愚蠢、麻木，并且把自己的一系列表现解释得合情合理。

以上三个特点带来一个令我们十分不愿意接受的结论：我们通过现在的技术手段使消费者画像足够细致入微，但这一切都是假象。以古希腊神话中青年那耳喀索斯为例，“将水中的自己的倒影误认为他人，镜子对其自身的延伸让他变得麻木，直到他变成了自己延伸物的伺服机构。”换句话说，我们因为对媒体影像中自我的迷恋而迷失了真实的自我。

行为、诉求与人性

2018 年 3 月，Facebook 被指让外部公司随意获取用户隐私信息，陷入史无前例的信任危机。这一丑闻的另一个主角是英国剑桥分析公司，被指获得了 Facebook 平台 8700 万用户的个人信息，并利用这些信息展开针对性的政治宣传，为特朗普等美国总统竞选人服务。作为丑闻事件我们并不想在本书中为其翻案，当然也无法翻案，但我们借鉴这其中的分析思路可以去破译我们不想面对的结论。

这 8700 万的用户数据来自英国剑桥大学心理学教授亚历山大·科根 2014 年推出的一款向 Facebook 用户提供个性分析测试的应用。下载该应用之后，Facebook 用户及用户好友的居住地和“点赞”内容等信息被收集后转交给“剑桥分析”公司。

据英国广播公司报道，“剑桥分析”公司利用大数据和算法，只需分析人们在社交网站上的互动情况，就可把人们的性格进行分类。这种算法应用了心理学界相对成熟的人格结构五因素模型，即从下面五个维度进行分析：

开放度——你欢迎新生事物吗?

尽责度——你追求完美到什么程度?

外向度——你喜欢聚会吗?

亲和度——你对他人的同情心有多大?

神经质度——你经常担心、容易焦虑吗?

五大因素合成在一起，就能呈现出你的个性，如冒险型、保护他人型、领导型等。实践证明，这一算法“准确得令人印象深刻”。具体准确到了什么程度呢？你点 10 个赞，它就可以比你的同事更容易猜出你是什么样的人；点 150 个赞，它就比你父母更了解你的喜好；点 300 个赞，它就比你的配偶更知晓你的个性。

然而，人们每天在社交网站上不止分享自己的“赞”，还有发帖、留言、上传照片等。这些“数码足迹”，客观上为“有心者”更了解他们提供了更多线索，来寻找他们内心深处的需求、情感和恐惧。

总结一下，就是用“大数据+心理学”吃透用户心理来预判用户行为。

爱德华·伯内斯被誉为公共关系学科化的先驱者，他还有另外一个身份，就是著名心理学家弗洛伊德的外甥。有人这么形容他们舅甥二人：弗洛伊德尝试用心理学帮助他的病患扫除精神障碍；而伯内斯则借由心理分析，劫掠消费者自由决策的意志，帮助他的客户预估和操纵消费者的思想和行为。伯内斯的辩护是，工业化和城市化加剧了现代社会的多变性和复杂性，协调和认同变得越来越重要。转换成本书的观点便是，今天人类的群体性和个体性都需要得以表达。我们需要关注群体表现出来的用户画像，还需要关注个体表达出来的人格画像。

奥地利心理学家阿弗雷德·阿德勒认为，人性是人的诉求，不同的诉求支配着一个人不同的行为，而人的性格是一个人行为习惯的综合体。理解一个人诉求的过程，其实就是在洞察他的人性。

绘画，一种人性表达方式

关于如何去描绘人格画像，我们这里先卖个关子，先通过西方绘画艺术发展史来看看人们是怎么描绘人的。

最早的绘画艺术，人们画的是各种各样的神。那时的人们对于比自己强大的东西都感到敬畏，觉得有神在背后操纵。人们画的神会保持人类自有的欲望，比如宙斯会结婚生子等，反映出来的是当时人性的原始欲望。

到了中世纪，绘画主题只有一个：为基督教服务的神圣艺术。中世纪的时候，基督教慢慢地从小教派变成了欧洲人普遍信仰的宗教，所以画上帝成为当时的主要艺术形式。他们画的上帝风格都很严肃。受到基督教的制约，中世纪的美术不注重客观世界的真实描写，他们强调的是精神世界的表现。这时候的人性向往的是神性的、有序的、严谨的。以闻名于世的天顶壁画《善良的牧人》为例，其在造型手法上还继承着古典的传统，形象准确而逼真，基督肩托羔羊站立，生气勃勃，线条简明流畅，使人联想到古希腊瓶画，四周的图案暗示出基督教最重要的象征——十字架。

伴随着科技的革命，文艺复兴的时代开始了，当时的人们认为，文艺在希腊、罗马古典时代曾高度繁荣，但在中世纪“黑暗时代”却衰败湮没，直到 14 世纪后才获得“再生”，因此称为“文艺复兴”。这时人们就不再过那种清规戒律的生活，开始解放天性了。人文主义精神兴起，提出要以人为中心而不是以神为中心，肯定人的价值和尊严。主张人生的目的是追求现实生活中的幸福，倡导个性解放，反对愚昧迷信的神学思想，认为人是现实生活的创造者和主人。文艺复兴时期，人们开始借着画神的名义画人，表达了人们对释放人性基本欲望的渴求。

这其中著名的代表作便是达·芬奇的《蒙娜丽莎》。对《蒙娜丽莎》最权威的分析来自加拿大研究委员会，他们派出了一个 11 人的研究小组，对画做了一次渗透式扫描。结果发现达·芬奇在画蒙娜丽莎的微笑时用了绘画常说的“渐隐法”，在她的嘴角和眼睛处涂了 40 层的超薄油彩，每层厚度不到 2 微米，相当于头发丝厚度的 1/50，这足以证明达·芬奇的功力有多深厚。

这个研究小组还发现，这幅画是一个瞬间的“抓拍”：达·芬奇先让蒙娜丽莎侧坐，然后叫了她一声。蒙娜丽莎转过来，微笑是那一瞬间她表情的自然流露。这才使得这幅画作如此完美生动。

后来，人们从画人转到了画风景、画一些极度抽象的东西。这个时期的艺术回归到了生活。一个艺术作品的内容是什么不重要，重要的是它背后的故事。

或许，只是耦合

在 19 世纪的法国，学院派把守着艺术殿堂的大门，官僚又保守。他们制定艺术的规则，决定绘画的内容和风格，同时评判艺术家作品的好坏和经济价值。年轻画家对这些陈规感到厌倦，他们希望打破这套规则，他们想走出画室，到大自然中去，捕捉他们周围真实的现代的世界。这是一个叛逆的、大胆的举动，艺术家以前是不画普通主题和普通人的，比如正在野餐，或在路上行走的普通人，而传统艺术更多表现的是神性的主题。艺术创作从神性走到了“人性”，这是现代艺术最伟大的革新。

由于印象派走出画室，开始记录周围的生活和大自然，外界环境千变万化，风景和光线更是稍纵即逝，画家们无法仔细描绘，而是需要迅速记录。所以印象派的画作变得粗糙、模糊，这就是我们后来看到的印象派画作的主要特点。

莫奈是印象派的创始艺术家之一。他的创作特点是，追求稍纵即逝的光影效果，被作者称为“光的诗人”。为了快速捕捉光影变化，莫奈发明了“颜色分割法”，即不调和颜料，直接快速地涂抹在画布上。这种手法是“以光补形”，即先观察和记录物体反射光，先画出一堆“深深浅浅”“曲曲折折”的线条，自然地，物体的形状就慢慢出来了。

莫奈晚年隐居在吉维尼，创作了大概 250 幅《睡莲》。有时候，为了捕捉到同一片水域在不同光影下的效果，莫奈会一次架起好几块画布同时作画，阳光明媚的时候画这幅，一朵云彩飘过时画那幅。在欣赏《睡莲》时，我们会得到一种梦幻般的沉浸式体验，这也是莫奈通过作品在表达：一幅画不仅可以是用来看的，也可以是用来体验的。

毕加索画分离的人脸、杜尚用自己名字命名小便池等。这个时期的艺术回归到了生活，一个艺术作品的内容是什么不重要，重要的是它背后的故事。

1907 年，毕加索创作的《亚威农少女》是第一张被认为有立体主义倾向的作品，是一幅具有里程碑意义的著名杰作。过去的画家都是从一个角度去看待人或事物，所画的只是立体的一面，而立体主义则是以全新的方式展现事物的。

就当时的环境而言，这幅画彻底否定了文艺复兴时期以来的传统绘画形式，不免要遭到来自社会各方面的嘲讽和指责。但是，毕加索的画已经导致了绘画艺术必须走上这一道路。立体派艺术家追求碎裂、解析、重新组合，形成一个单独的图片，在许多幅画面的组合下显示他的创作目标。为了表达对象是最完整的图像，画家从多视角来描述对象。

这种看似抽象的让人难以理解的作画方式，在毕加索看来并非在表现三维空间立体结构上的故弄玄虚，而是一种对立体主义的纯然净化，是在重新研究其本质构成上进行的旁支探索。

我们把绘画艺术的发展与受众画像的演化进行跨界对比时会出现一个很有趣的耦合。

在中世纪，绘画的主要对象就是“上帝”，一个完美的神。这类似于受众分析的第一个阶段，我们面对的是一个并不真实存在的理想化的“受众”，我们只是觉得他是存在的，所以我们要去描述他的存在。

在文艺复兴之后，人们回归希腊时代对于人性和美的追求，人们开始关注人，有钱的商人开始雇用画师为其或是家人画肖像。这无疑非常类似于媒体受众时代，广告主需要从媒体角度出发的用户画像来消耗他们的广告预算。

印象派看上去是粗糙、模糊的，但他们带来的是对世间万物、自然变化，甚至是稍纵即逝的时光的迅速记录。这就如同看似松散、多元、动态的大数据消费者画像一样，这就是用户本来的模样。

立体学派的绘画技巧为我们去发掘受众的本质打开了新的思路。追求碎裂、解析、重新组合，形成一个单独的用户画像，在许多幅画面的组合下表达我们的目的。从多视角来描述对象，为了表达对象是最完整的画像。

人格画像创作方法

在回答人格画像的技法之前，我们再深刻理解一下立体主义的作画思路：它否定了从一个视角观察事物和表现事物的传统方法，摒弃西方绘画的透视法造成的三维空间错觉，通过物体的各个角度交错叠放，立体地表现出物体的不同侧面。通过背景与画面的主题交互穿插，在平面上表现出二度和三度空间，甚至表现出肉眼看不见的结构和时间（四度空间）。早期的立体派理论家格列西斯说："眼睛能看到多少，物体就有多少现象，脑子里产生多少理解，物质就有多少实质。"

总结一下，人格画像的规则有以下几点。

（1）界定问题：考虑从一个以上的角度来分析事物。

如今，画像的分析技术被广泛地应用于公关广告、市场销售、产品研发，甚至是人才招募领域。画像可简单也可复杂，这主要由使用画像的具体目的而定。由于画像的数据来源广泛，比如用户的网络行为数据、CRM 数据、商业数据或第三方数据，这些数据甚至涵盖了我们以前认为与画像根本不相关的方面，所以我们在进行画像分析时有了更多的数据源，而不只是使用线下调研或者是小组讨论的方式。

无论使用画像的目的是简单的还是复杂的，我们要获得画像都需要一个以上的数据源。世界著名的卡夫食品曾在 2009 年启动了一个研究项目，希望了解消费者在经济危机环境下购买行为发生了怎样的变化。在项目伊始，调研公司并没有展开问卷调研，进行线下调研数据的分析，而是着手收集分析在此期间各类社交平台上人们对于"购物"的相关讨论，定性地去发掘现象和趋势。在此基础上，再由市场调研公司来设计调研问卷，对定性研究的问题边际进行定量的分析。最后，通过综合社交数据和调研数据的分析，同时也整合了其他渠道的研究成果，项目组向销售部门提交了完整、全面、深刻的用户画像分析报告。

正如爱因斯坦所说的，"如果给我 1 个小时解答一道决定我生死的问题，我会花 55 分钟来弄清楚这道题到底是在问什么。一旦清楚了它到底在问什么，剩下的 5 分钟足够回答这个问题。"

（2）收集数据描绘现象：考虑场景和媒体对研究问题的影响，需要交叉进行。

与以往的分析模式不同，在这里关注“特性”胜过“属性”。我们收集数据的目的在于真实地告诉我们人和事物之间的关系是什么。这就需要观察、记录、分析人们行为的方法，也可以把它叫作参与式观察法。这种方法强调结合背景和场景来理解人。

场景是指在一定的时间、空间（主要是空间）内发生的一定的任务行动或因人物关系所构成的具体生活画面，相对而言，是人物的行动和生活事件表现剧情内容的具体发展过程中阶段性的横向展示。通过精准刻画人群特征，并针对特定业务场景进行用户特征不同维度的聚合，就可以把原本冷冰冰的数据复原成栩栩如生的用户形象，从而指导和驱动业务场景和运营。

从某种意义上来说，媒体也是一种线上的场景，而场景是一种线下的媒体，我们在电商平台上浏览商品、在微信平台上互动交流、在视频平台上观看影片，这些都是伴随着人的行为和事件发生的。并且，我们通过指尖触碰各个 App，在各个虚拟场景之间切换，以完成线下人类生活的真实场景。

之前我们认识受众的方式往往会在一个大场景下面，信息的接收者是单向的，所以，我们说研究受众只需要分析结构性、行为性、社会性。但今天，传播过程也被重新定义，其本质上是一个协商、互动和交流的双向过程。所以，在不同的场景中演化出了更多子集，同时，大家也给它们取了一个技术风格的术语：标签。

这个时代更加推崇用户标签的原因，就是我们上文提到的通过文本数据来分析人口属性标签、行为标签、社交关系标签，并快速放回一个又一个场景中验证，使得我们获得更系统准确的用户全场景信息。

我们常说的打标签其实就是对人、物、事或场景的显著特征的分类、提炼、总结的过程。标签化是精准营销或个性化营销的必要前提，有助于我们更好地洞察与理解消费者的需求、行为。有了标签体系，之前繁杂的海量数据才能转化为可落地的数字营销方案。标签化主要通过信息技术让计算机自动识别、提炼各种对象的特征。权重是对程度或概率的一种量化，表示用户发生某种行为的概率，或需求、偏好的程度。同一个动作发生在不同的地点、不同的时间，产生的权重可能不一样，而客户针对同一商品或事件的不同行为反应，也会产生不同的权重。

总的来说，就是要“弄清楚客户行为背后的意义”，是人们在这个世界上所能感受到的一切，以及所有能为人生带来意义的事物。比如，当人们看见一个可口可乐瓶子的时候，心里面产生的那种情感到底是什么。

（3）建立问题模型：体现出立体维度，二维、三维，甚至是四维。

人格面具是瑞士心理学家卡尔·荣格提出的概念，荣格将一个人的人格比喻为面具，在不同的社交场合下，人们会表现出不同的形象，也就是戴上不同的面具，因此面具并不只有一个，而人格就是所有面具的总和。

荣格认为人格面具使人能够演绎各种性格，通常是符合社会期待的一面，给予他人一个好印象，以便得到社会的认可。另外，人格面具也用于隐藏真实自我。人格面具对于人在社会上的生存来说是必需的，它使我们能够与各式各样的人们交际，即使对方是令人厌恶的。在不同的环境下，人会带上不同的人格面具，例如，与父母相处的时候戴的是一副面具，与朋友相处的时候戴的是另一副面具。

这也是我们之前所讨论的人们在媒体偏度、群体干扰及场景扭曲下，人们隐藏自我的核心。

实际上，人们的选择大都是在无意识当中进行的。传统商业思维采用的核心思路，是对于人类行为的错误假设，正是这个原因，导致旧的方法在正确理解人们行为上受阻。你不能仅仅理解自己的产品，你必须要理解使用你产品的人。他们的真实心理是怎样的？他们的真实行为是怎样的？他们的真实体验是怎样的？这些问题是传统商业解决方案算不出来、算不准的，这就是旧方法失效的原因。

在此基础上，荣格提出，心灵或人格结构是由意识（自我）、个体潜意识（情结）和集体潜意识（原型）三个层面所构成的。在理论方向上与弗洛伊德的

"本我、自我与超我"理论异曲同工。

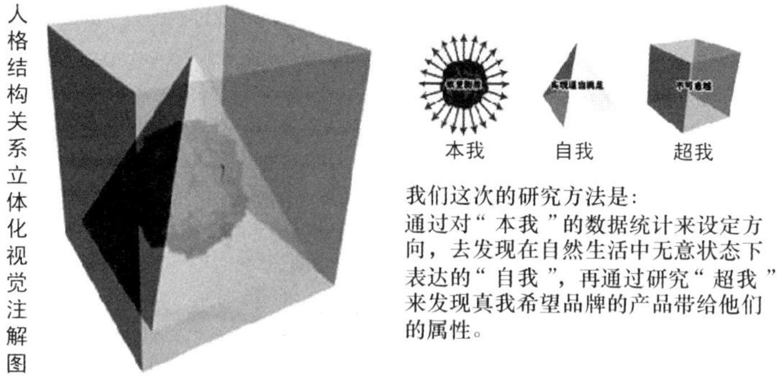

弗洛伊德的"本我、自我与超我"模型

"本我、自我与超我"是由精神分析学家弗洛伊德的结构理论所提出的精神的三大部分。1923 年，弗洛伊德提出相关概念，以解释意识和潜意识的形成和相互关系。"本我"（完全潜意识）代表欲望，受意识遏抑；"自我"（大部分有意识）负责处理现实世界的事情；"超我"（部分有意识）是良知或内在的道德判断。一个完整的人格是由本我、自我、超我组成的。

在营销传播中我们一直想去实现真正的消费者洞察，通常可以解决"本我"的洞察，但对于"自我和超我"是很难洞察到的。而如今我们通过标签数据对比的方式来解决这个问题。

这里我们以新浪微博为例，社会化数据在非逼迫的状态下可以有用户属性、用户文本和用户关注这三种类型的数据，而这三组数据也是目前为止最能诠释一个完整人格的数据组合。

新浪微博个人标签是自定义的，描述自己的职业、性格特征和爱好等。

新浪微博用户文本是用户记录的每天的行迹、心情和发表的观点。

新浪微博用户关注是一种单向的、无须对方确认的关系，只要喜欢就可以关注对方。

通过这三组数据再结合社会化媒体数据的其他数据，便可形成一个洞察完整人格的解决方案。通过三组数据统一在一个维度上进行纵向类比，有深度的洞察便浮出水面了。

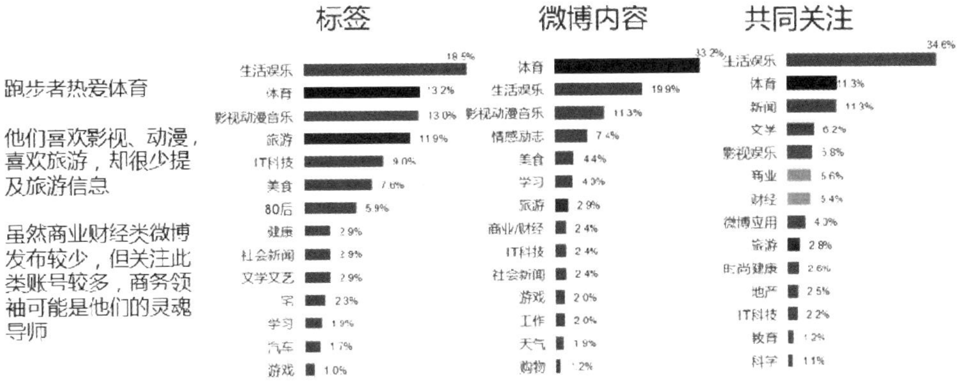

跑步进阶人群的三组数据对比

所以，如何获得人格画像呢？我们还是要保持原有的数据分析维度和方式，只不过在分析之前，我们考虑把之前的数据维度放到更多场景中，用多个维度的画像进行对比，最后获得答案。

第七章

从内容到形式

这一幅小小的油画，比 8 开纸大不了多少，油彩都已经干得开裂。但当你仔细去端详的时候，你会觉察到画面是那样的栩栩如生，黑色背景下的画中少女侧身回首，嘴唇微微张开，欲言又止、似笑非笑的回眸，左耳佩戴的珍珠耳环若隐若现，棕色的外衣，白色的衣领、蓝色的头巾与垂下的柠檬色头巾相互映衬，少女的形象与黑色的背景形成对比，凸显立体。

画作最引人入胜的地方在于对光的捕捉和对细节的刻画，作者以闪烁着光芒的珍珠耳环将少女明亮的双眸、娇嫩的唇瓣、白色的衬衣领口、耳后的黑暗空间等分散区域结合在一起，使之构成一个鲜活的整体。同时运用了大量漫射光线的微妙变化来表现画作各处的质地和形状，不论是少女耳朵上的珍珠耳环，还是头巾服饰，抑或是面部，都用大胆的明暗区分和较纯的颜料给予鲜明的诠释，这既实现了绘画的精确和细节的完美表现，又不使画面看起来有任何费力或刺目之处。

约翰内斯·维米尔的《戴珍珠耳环的少女》

《戴珍珠耳环的少女》

这幅画作叫《戴珍珠耳环的少女》，是绘画大师约翰内斯·维米尔于 1665 年创作的一幅作品。维米尔出生在代尔夫特一个画商家庭，父亲去世后便继承了父业，同时从事绘画创作。21 岁的维米尔加入了代尔夫特画家公会，在当时的画坛享有一定的声誉。但后来由于子女众多（11 个儿女），生活十分贫困，有时不得不用油画去抵偿面包铺的债务，如此穷困潦倒，使他作品散落严重。1675 年，维米尔参加了防御法兰西军队的入侵而过度劳累，生活又陷于极端贫困，在贫病交加中，留下妻子儿女去世了，终年 43 岁。

直到 19 世纪 50 年代，维米尔才被一位法国艺术评论家杜尔发现，并竭力寻求整理他的遗作公布于世，使这位埋没了近两个世纪的伟大风俗画家再度光照史册。维米尔喜用黄色、蓝色和灰色，他对色彩的把握和光线的处理非常出众。通常布局简单，尺寸不大，但往往给人巨大的视觉冲击。他使用了以微小的画点组合（点画法），并且善于使用光线的来源，使画面产生一种流动、优雅的气氛，因而被称为光影大师。

通过对细节的刻画和对光的捕捉，他的作品中往往流露着和煦与宁静，他的画作的魔力在于，细节让无数人着迷，令人浮想联翩。20 世纪末的一天，当美国女作家崔西·雪佛兰看到《戴珍珠耳环的少女》时，瞬间就被打动了。1999 年，她创作了同名小说《戴珍珠耳环的少女》，试图破解这位女孩的身世之谜。改编的同名小说一经推出，便立刻在美国图书排行榜上占据高位，如今已被翻译成 38 种语言，全球销量超过 500 万册。

2011 年，中央美术学院给前院长靳尚谊先生举办了一个展览，叫作《向维米尔致敬》，特别强调了对维米尔逼真描绘生活艺术手法的敬仰。看得出来，维米尔对于细节的逼真描写简直到了登峰造极的地步。但是，如果回溯西方绘画史的话，就会发现一个非常有趣的现象，那就是在 14 世纪，西方的画家还画得非常稚拙，尽管画面非常好看，掌握了普通的、粗浅的透视效果和原理，但是画中人物衣服上的图案却画得很简单拙劣，透视效果还非常幼稚；而到了文艺复兴中后期，也就是 15 世纪末 16 世纪初，写实绘画的技术突飞猛进。用了一百来年的时间，画家居然就能够把服装上的图案画得惟妙惟肖、逼真准确，和今天照相机拍出来的效果有一拼。

当代艺术大师大卫·霍克尼在 BBC 的纪录片《隐秘的知识》中解释了这个秘密，维米尔极有可能使用了当时先进的光学仪器。维米尔是 17 世纪的荷兰人，荷兰是光学器材的发源地之一，也是非常发达的光学器材制造地之一。同时，荷兰著名的科学家列文虎克是维米尔的好友，此人精通显微镜和光学透视，维米尔显然从他那里学到了这门技术。没有人了解维米尔的技法，但可以肯定的是他经常使用当时罕见的光学技术，用以捕捉光线和细节。

回顾维米尔的作品，几乎都是在室内画的，大多数描绘宁静、和谐的家庭生活，他尤其喜欢画人物的形象和活动。他流传下来的肖像画中，女性人物 40 位，男性人物 13 位。画作的构图往往是有着透过一扇窗户的光线照在室内的物体和人物上，形成令人着迷的光影效果。

霍克尼通过研究维米尔的画作，构想了维米尔的作画场景，首先，维米尔会使用小镜子调整好角度面对着对象，让小镜子里折射的图像与桌面上的画布重合；其次，他会用笔顺着小镜子的边缘描绘出和小镜子重叠的部分图像；最后，在画布上准确地描绘出小镜子上的颜色和图像，这样画出来的画无疑是对完整的对象最逼真的刻画。当然，这也很好地解释了为什么维米尔的作品通常布局简单且尺寸不大。

霍克尼揭示出的是古代欧洲画家的一个秘密——借助镜子或者透镜在画布上投射出阳光下物体的影像，然后用笔把这些影像描绘出来。用这种方法可以准确无误地从光学的角度再现对象。然而，这并不是人们的眼睛所真实感受到的，而是一种真实的幻象。这种幻象的产生和我们此前在第二章谈到的媒介“影像”系统如出一辙。

维米尔创作出的画作内容无非也是通过小镜子、画布、颜料等这种媒介而体现出来的虚拟景象。

小说中的世界

1603 年是塞万提斯·萨维德拉正式烦恼的开始，他正在赴巴利阿多里德的路上，为的是为自己洗刷冤名。当然，即便是官司缠身他也不忘随身携带正在创作的《唐·吉诃德》上卷手稿。1605 年《唐·吉诃德》上卷出版，一年之内再版六次，看起来很是畅销。然而，《唐·吉诃德》下卷出版是在 10 年之后，而塞万提斯的生命已经走到了暮年。

有意思的是，塞万提斯·萨维德拉和约翰内斯·维米尔在各自领域都卓有成就，但是他们都是在逝世两百多年以后，才被人们再次称颂。1835 年西班牙民众在马德里才为塞万提斯建立了一座纪念碑。唐·吉诃德和侍从桑丘的雕像也高高地立在马德里广场上。

塞万提斯的小说《唐·吉诃德》的插画

塞万提斯的小说中最著名的无疑是《唐·吉诃德》，故事讲述的是主角阿隆索·吉哈诺因为沉迷于骑士小说，时常幻想自己是个中世纪骑士，进而自封为“唐·吉诃德·德·拉曼恰”（德·拉曼恰地区的守护者），拉着邻居桑丘·潘沙做自己的仆人，行侠仗义游走天下。然而，他的所作所为与时代相悖，令人匪夷所思，结果四处碰壁。但他最终从梦幻中苏醒过来，回到家乡后死去。

文学评论家把《唐·吉诃德》称为西方文学史上的第一部现代小说，标志着西方现代小说的萌芽。写作手法开创了现实主义小说的新形式，多层次的叙事手法使得小说和现实的距离聚拢在一起，增强了小说对现实的讽刺意味，也使得小说别开生面，形成独特风格。核心在于小说将理想和现实直接交融，让读者在小说中寻找现实，又在现实里期待理想，这是和之前的文学作品迥然不同的。

在此之前占据主导地位的往往是中世纪的骑士小说，以欧洲骑士文学中的一朵奇葩《亚瑟王之死》为例，这是一部在西方流传之广仅次于《圣经》和莎士比亚著作的作品。他讲述了著名的不列颠国王亚瑟及其圆桌骑士的故事，字里行间充满了冒险、传奇。最令人爱不释手的是骑士与贵妇人之间惊世骇俗的爱情故事。骑士传奇的主题大都是骑士为了爱情、荣誉或宗教，表现出一种冒险游侠的精神。

而塞万提斯在《唐·吉诃德》中采用讽刺夸张的写作手法，把现实与幻想结合起来，表达他对时代的独特见解。在环境描写方面，与旧骑士小说的装饰性风景描写截然不同，作者以史诗般的宏伟规模，以农村为主要舞台，人物以平民为主，人数近 700 多人，在这广阔的社会背景中，绘出一幅幅各具特色又互相联系的社会画面。作者塑造人物的方法也是虚实结合的，来创造出另一种富有生气的小说类型——复调小说。这种小说凭借一种“虚构之外的游戏”掺杂了宇宙观与世界观，甚至复杂地与现实混合在一起。就是因为故事人物是虚构的，而他们所处的环境、面临的状况及生活的状态都极其真实，这些人物具有丰富的情感，能对读者产生强烈的影响，使读者感同身受地体验到故事人物的感受，似乎自己亲身经历了小说中的那些事件。

这也是塞万提斯《唐・吉诃德》的贡献所在，它使得小说这种题材更加吸引人，创建了一个现实和虚拟之间的世界。

阿波罗登月

1969 年 7 月 16 日，在德国柏林，人们簇拥在电视机商店前，透过橱窗内的电视机观看巨大的“土星 5 号”火箭载着“阿波罗 11 号”飞船从美国卡纳维拉尔角肯尼迪航天中心点火升空，开始了人类首次登月的太空征程。在大西洋的另一端，华盛顿白宫椭圆形办公室内，总统理查德・尼克松也通过电视观看了现场直播。

簇拥在电视机商店前观看登月的柏林民众

1969 年 7 月 20 日，星期日，美国东部时间下午 4 点 17 分 42 秒。“休斯敦，这里是静海基地，‘鹰’舱已经着陆。” 美国宇航员尼尔・阿姆斯特朗在着陆月球之后，第一时间向休斯敦基地发出信息。

在把仪器检查了三个小时后，两个宇航员问休斯敦，他们可否省去预定的四个小时休息时间而立刻下机。休斯敦回答说：“我们支持你们这一行动。”他们穿上了价值三十万美元的太空衣，降低了登月舱内的压力。接着，阿姆斯特朗背朝外，开始从九级的梯子上慢慢下去。在第二级阶梯上他拉了一根绳子，打开了电视照相机的镜头，让亿万地球观众看到他小心地下降到荒凉的月球表面上。

他的九号半 B 码的靴子接触到了月球表面，他说：“对一个人来说，这是小小的一步，但对人类来说，这是一个巨大的飞跃。”这时是下午 22 点 56 分 20 秒。他拖着脚步在月球表面走来走去。他说：“月球表面是纤细的粉末状的，它像木炭粉似的一层一层地粘满了我的鞋底和鞋帮。我一步踩下去不到一英寸深，也许只有八分之一英寸，但我能在细沙似的地面上看出自己的脚印来。”

与此同时，全世界都在关注月球。从澳大利亚到挪威，从堪萨斯到华沙，人们将耳朵贴向收音机，或从电视上收看这一重大事件。据估计，电视观众约有 6 亿人，占当时地球人口总数的 1/5。人类通过各种各样的媒介希望更进一步地“参与”到登月事件当中。

2000 年 7 月中旬，墨西哥《永久周刊》科技版刊载了俄罗斯研究人员亚历山大·戈尔多夫发表的题为《本世纪最大的伪造》的文章，对美国“阿波罗”登月拍摄的登月照片和录像提出质疑。许多媒体纷纷转载了这篇文章，关于阿波罗登月真伪的讨论顿时热火起来。戈尔多夫认为，美国宇航员当时只是接近了月球表面，但因技术原因并未踏上月球。由于美国急于在和苏联的太空竞赛中赢得先机，因而伪造了多幅登月照片和一部录像资料片，蒙蔽了世人几十年。戈尔多夫并没有提供新的证据，但这篇文章让很多人对“阿波罗登月”的真实性产生了怀疑。

根据 1999 年盖洛普组织民意调查结果，89%的美国公民相信人类曾经登陆过月球，而 6%的人不相信，5%的人则不确定或无意见。而根据美国探索频道节目《流言终结者》关于破解此“流言”的一集内容中的调查，有高达 20%的美国公民并不相信美国人曾经登陆过月球一事。

这里我们并不想讨论美国登月计划的真伪。我们讨论的是，随着媒介技术的发展，我们能感受到的已经不仅仅是逼真的印象世界了，而是一个由媒体构建起来的真假的难辨，甚至虚实难辨的时代。

19 世纪 20 年代诞生的摄影技术，是人类在重现真实世界上的一大技术飞跃。后来的一次次创新，从画面到动效，到视听同步及彩色摄影，再到视听的即时传送，拍摄设备被赋予越来越多重现现实的能力。我们深刻感受到电影、电视、可视电话技术远比静态照片和电话更接近人类面对面的传播。然而，即便是这样，每个人也都可以“躲在”媒体后面去修饰形象和言语，这从某种程度上来说和滤镜处理的个人照片有着相似的属性。所以，如果约翰内斯・维米尔个人的作品是一个虚拟的幻象的话，那影像技术就是在制造这一个又一个的幻象，直到我们也无法区别是生活在幻象之中，还是生活在现实之中。

社会科学早已经证明了，早在我们意识到虚拟世界是真实的时候，真实的世界就虚拟存在着了。人类社会其实在不断经历着从实体到虚拟的迁移，如洞穴、小说、民族、报纸、电视等，人类最深处的心理机制，是目标反馈系统：社交、希望、激励。即便它只是一个又一个并不真实存在的假象。

内容是被创造的，更是被想象的

在内容创造和媒体进化的共同作用下，人们构建虚拟世界，从想象到现实、从平面到立体、从静态到动态，这个幻象从栩栩如生到以假乱真，甚至身临其境。在这个过程中，内容创造一旦把握住媒体发展的新趋势，人们往往就会记住这个内容。长期以来内容创造没有太大的变化，而媒体在不断地进化，但是人类往往不会关注媒体，因为在人们看来，媒体往往是他人创造出来的，理性、冷冰冰的、没有意思，而内容恰恰相反，是自我创造或是理解出来的，感性、具有温度，这也是为什么说有一千个读者就有一千个哈姆雷特。人们感受到的往往是内容中所描绘的世界，而认为媒体只是起到了连接虚拟世界和人的作用。

2009 年 11 月 25 日，《华盛顿邮报》宣布，为了维持生存和节省开支，关闭在美国的全部采编站，让 100 多位新闻记者卷铺盖走人。超过 30 家美国报社提出了破产申请，其中包括《洛杉矶时报》《芝加哥论坛报》《费城问询者报》《明尼波利斯明星论坛报》。蒂姆·布鲁克斯是英国卫报新闻媒体有限公司的总经理，该公司在英国出版《卫报》和《独立报》。布鲁克斯宣布，他们公司今后所有投资将全部用于多媒体数字产品，而这些产品主要通过网站发布。他在行业会议上宣称："仅靠文字就能成功经营的日子已经一去不复返了。"

随着新兴媒体的日益崛起，以报纸形式承载内容的媒体正在逐步向多媒体化、网络化转变，内容与以往有着很大的不同。由于人们的大脑思维已经适应了这种内容，传媒企业不得不做出调整，以迎合读者和观众的新需求。由于消费者的注意力有限，许多生产商正在把他们的产品切割成片段，同时将他们产品的简要介绍加入搜索引擎。

谷歌公司就一直致力于把网上数字图书的内容"切成薄片，剁成小块"，让人们进行"链接、分享和整合"。谷歌公司已经引入了一种编辑工具，"让你轻而易举地把从公共图书中摘录的章节和段落加到自己的博客或网站上"。

这就创造了一种生产内容的新形式，就是在之前或是现有内容的基础上，建立不同知识点或自我体验的链接。并且，这种内容的组合是可以跨形式的，如图像、声音和视频等。体验就类似于我们在阅读《唐·吉诃德》小说的时候，我们可以切换到《唐·吉诃德》的电影，同时可以去马德里广场的雕像旁逛一逛。不仅如此，我们还可以实现现实世界和互联网虚拟世界间的快速切换和链接。在这里面，社交网络如微信、微博、Twitter 的作用表现得最为明显，它实现了我们在现实世界中的经历体验与互联网世界的内容链接。

当我们频频去刷今日头条或抖音的时候，你可能不是冲着上面的内容去的，这个媒体创造的环境有时候可以获取信息，更多时候我们是去获得快乐的。也正是以这种方式，媒体创造了新的社会模式——一种虚拟和现实混着的世界，重新构建人的感知，同时，媒体的“穿透力”让这种虚拟世界的形态也无处不在。

今天的人们已经没有耐心从内容的角度去获得一个完整的虚拟世界了，一旦进入媒体创造的这个虚拟环境之中，潜意识的虚拟世界图像已经构成，后续只是有选择地完善自建的虚拟世界的内容而已。

虚拟与现实：不存在绝对，只存在相对

使用“虚拟”恰恰暗示了其与“现实”的对立。在现实实践中，网络世界与线下的世界并行，是另一个领域，并没有理由厚此薄彼。区别于口语中的使用，在学术的语境下，当我们使用“真实”一词时，我们实际上在破坏数码人类学的根基，盲目崇拜了前数码时代的文化，认为那才是真实的。我们所说的“真实”是口头表达中的意思，而非认识论上的真实。

而今天，我们“不再”把虚拟和真实视为彼此独立、有区别的两者，因为，我们也无法将现实生活与网络生活区别对待，明显的区分不复存在。因为，当更多的人接受“虚拟”这个概念后，它就真实地存在于我们的生活中。

今天的互联网几乎将每个人都链接着，虚拟到真实转化并不需要那么长的时间。《王者荣耀》这款网络对战类游戏，在不到 2 年的时间内获得了 2 亿用户，在这个虚拟的世界中，玩家通常是一个个“赵云”“凯”“吕布”“后羿”的替身，并能与其他在同一时间登录游戏的玩家（其游戏的替身）互动。即使关了手机，这个虚拟世界也依然同步存在着，所有的数据都利用云技术储存在远程服务

器上。面对多重化身、多元指示的系统，虚拟世界正在崛起而成为一种新的社会现实。所以，对于游戏原住民 00 后来说，游戏中他的赵云就是真实存在的，而这样的社会现实无法仅从物理世界的现实中推断出来。

一直以来，对于虚拟和现实的判断，人们往往是以具不具备物质性来区分的。但是，媒体科技总是试图找到新的办法，以建构出非物质性的假象。也因此，对物质性的关注显得越发重要。在所有非物质化假象的后果中，最为重要的一点是，物品与科技在人类的社会化过程中模糊了其自身的角色。从电脑的基础设施，到其背后的金融、游戏设计和博物馆分类，我们似乎越来越忽视了这些环境是如何被“物质”地建构出来的。这也就是我们之前所提到的互联网会预设出物质环境的原因。

虚拟世界让人们前所未有地更加意识到了信息的物质性。所谓语境，不仅指空间与时间，同时还包括了人们在使用数码科技时的不同情境与维度，这也正是物质实践的一部分。物质性不仅作用于其能创造物，还作用于人。而当媒体直接创造物质作用于人的话，人们之前的偏见——“内容=虚拟世界”，有可能转向另一种偏见——“媒体=虚拟世界”。

互联网与之前的媒体的不同之处在于，互联网自带一个预设的物质环境，并传播一种非物质的假象。之前人们往往是用媒体和内容来创造一个虚拟环境，而今天人们把各种各样的内容逐渐放置在互联网环境中。同时，人们对内容进行“肢解”和“再连接”，这就使得内容凝聚力和论证、叙述的线性全都被抹掉了，而使得人们去寻找并连接一个又一个的虚拟环境，这成为创造新虚拟世界的主要形式。

我们之前谈到，麦克卢汉认为“媒体即信息”，这个等式在今天会更长：

媒体 = 信息 = 虚拟环境= 人类

媒体即信息，信息即虚拟环境，虚拟环境即人类。

所有内在的人与人、人与内容、内容与媒体的关系所产生的规则秩序，虚拟与现实的交叉世界让人们前所未有地更加意识到了媒体的物质性。所谓媒体，不仅指空间与时间，同时还包括了人们在使用媒体时所处的不同情境与维度，这也是物质实践的一部分。结果直指“虚拟与现实最终的融合”。

所以，在营销中，“昨天”是用媒体来满足内容的扩散需求，而“今天”需要用内容来满足媒体的形态，这是我们需要做的工作。这个概念对人是颠覆的，因为，人们往往认为自己是世界的主宰，创造出的内容应该让媒体来适应，而没有理由让自己的创造去适应媒体。

但事实是，我们会说今天是一个内容为王的营销时代，但我们不一定缺乏内容本身，而是缺乏虚拟世界对个人的感受，这就是为什么营销人会一遍遍疾呼内容为王，而营销爆款往往被王者荣耀、足记 App 这种产品所刷新。我们可能会说咪蒙是好的内容创造者，但咪蒙之前是《南方都市报》的首席编辑，传统媒体的经验锤炼了她对信息点的把握能力，但真正成就她的还是微信公众号平台这个虚拟媒体环境。

之前的营销体系是由内容来构建的：广告是视觉内容、公关文字内容、活动体验内容，创意本身也是为了让内容更有黏性。让内容从属于媒体，这点的确需要营销人在思维上进行调整。但这恰恰也是现在的营销人所经历的，也正表达着现代营销的特点：分散、从下而上、非线性。而在这个结构下的内容将何去何从呢?

（1）傅里叶并行：不仅是整合，更有分散。

这就类似于我们之前强调的，整合营销是整合不同的影响手段，如广告、公关、活动、促销等，而今天我们需要按照媒体来划分，如平面媒体、社交媒体、在线媒体、电商媒体、视频媒体等。

（2）内容构建：将内容配合媒体形式。

媒体的信息扩散涉及各个渠道，触及各个角落，而当内容以媒体特点作为中心时，这并不亚于需求来源于各个渠道和角落，我们需要从下而上地来考虑内容形式，并且要求人们创造的内容有足够多的形式，并且内容要与媒体特点相一致。

（3）意识流写作：不再是线性，而是非线性。

一直以来内容都是线性的，这源于人们对因果关系的天然偏好，而且媒体技术也只能表达“线性”的内容。所以，在这个驯化过程中，人们对内容的审美标准是“线性，因果，逻辑”。我还能记起来，小学写日记往往要避免流水账，文章要有起因、有经过。然而，随着互联网对内容进行的“肢解”和“再连接”，内容的线性全都被抹掉了。文学理论家乔治・兰道和保罗・德拉尼写道：超文本把读者从印刷文本“顽固不化的物质性”中解放了出来，从而为我们“提供了一个重要启示”。超文本把“书页装订技术带来的压缩感一扫而光”，它“通过改变经验之间的联系，为大脑提供了对它们进行重新排序的能力”。也驯化了人脑对于内容的认识是碎片化的，所以，也演化出了意识流的写法。

傅里叶的启示，不仅是整合，更有离散

傅里叶生于法国中部欧塞尔的一个裁缝家庭，他 9 岁时沦为孤儿，被一地主收养。1780 年起就读于地方军校，1795 年任巴黎综合工科大学助教，1798 年随拿破仑军队远征埃及，受到拿破仑器重，回国后于 1801 年被任命为伊泽尔省格伦诺布尔地方长官。

傅里叶早在 1807 年就写成了关于热传导的基本论文《热的传播》，向巴黎科学院呈交，但经拉格朗日、拉普拉斯和勒让德审阅后被巴黎科学院拒绝。1811 年他又提交了修改后的论文，该文获巴黎科学院大奖，却未正式发表。

这里有必要稍微介绍一下热传播的物理概念。热量传播一般有以下三种途

径：热传导、热对流和热辐射。热传导是指热量通过直接接触物体，从温度较高部位传递到温度较低部位的过程。热对流是指热量通过流动介质，由空间的一处传播到另一处的现象。热辐射是指以电磁波形式传递热量的现象。介绍这个概念的原因是，这些热的传播现象非常像目前基于互联网的传播——信息从高信息信仰人群向低信息了解人群普及。在空间方面也类似于从一群人到另一群人。

回到傅里叶，虽然这篇论文没有被发表，但论文中推导出了著名的热传导方程，并在求解该方程时导出解函数可以由三角函数构成的级数形式表示，从而提出任一函数都可以转换成三角函数的无穷级数。傅里叶级数（三角级数）、傅里叶分析等理论均由此被提出。

由于对传热理论的贡献，傅里叶于 1817 年当选为巴黎科学院院士。1822 年，傅里叶终于出版了专著《热的解析理论》。这部经典著作将欧拉、伯努利等人在一些特殊情形下应用的三角级数方法发展成内容丰富的一般理论，三角级数后来就以傅里叶的名字命名。傅里叶应用三角级数求解热传导方程，为了处理无穷区域的热传导问题，又导出了 “傅里叶积分”，这一切都极大地推动了偏微分方程边值问题的研究。

当然，在此之后，傅里叶方程不仅仅应用在热力传播方面，他对处理其他离散性问题也提供了一个解决思路。

今天营销的场景由众多碎片化的场景构成，各场景针对特定社群的营销是彼此独立的，整个营销过程是离散的，最后获得整体营销成果。离散式营销的目的是扩充契约精神时间和空间的累积总量。

离散傅里叶变换（DFT）是处理离散问题的解决方案之一。

傅里叶变换，是通过它把信息从时间域变换到频率域，进而研究信号的频谱结构和变化规律。离散傅里叶变换（DFT）是傅里叶变换在时域和频域上都呈现离散的形式，将时域信号的采样变换为在离散时间傅里叶变换（DTFT）频域的采样。在形式上，变换两端（时域和频域上）的序列是有限长的，而实际上这两组序列都应当被认为是离散周期信号的主值序列。即使对有限长的离散信号作DFT，也应当将其看作经过周期延拓成为周期信号再作变换。在实际应用中通常采用快速傅里叶变换以高效计算DFT。

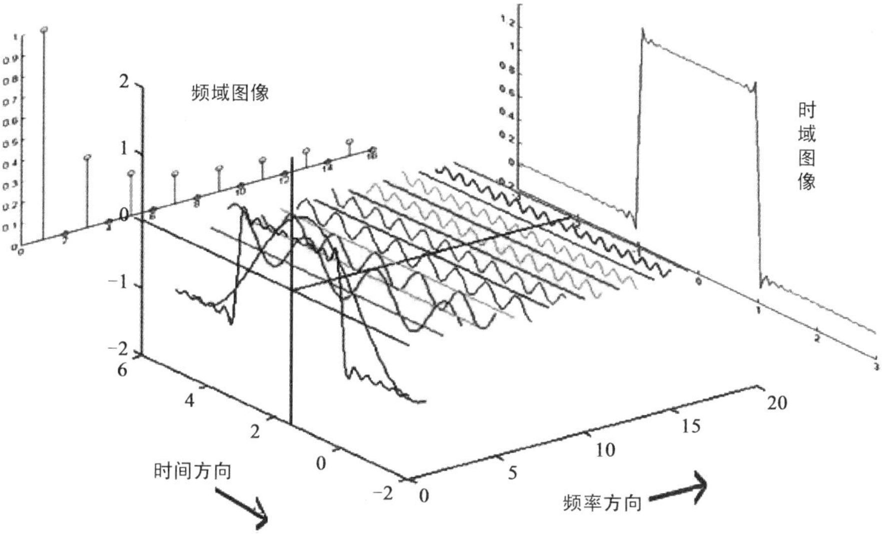

傅里叶变换

通俗地说，就是把一个不规律的正弦波拆分成几个频率规律的波行来并行处理，以解决离散问题。

从我们出生开始，我们看到的世界都以时间贯穿，股票的走势、人的身高、汽车的轨迹都会随着时间发生改变。这种以时间作为参照点来观察动态世界的方法我们称其为时域分析。而我们也想当然地认为，世间万物都在随着时间不停地改变，并且永远不会静止。但如果我告诉你，用另一种方法来观察世界的话，你会发现世界是永恒不变的，你会不会觉得我疯了？我没有疯，这个静止的世界就叫作频域。

傅里叶同学告诉我们，任何周期函数，都可以看作不同振幅、不同相位正弦波的叠加。

转化到营销场景上，今天的市场营销人员需要估量出一个时间段的正弦波的最高点（品牌高度）、最低点（品牌底线），而剩下的针对人群也罢、渠道也好、触点也算，就无须做统一的限定，但要在每个波段上制造持续的波动。

一个深刻地把握了这一阶段性特征的传播者必然会看到这样一种碎片化之下的真正社会含义，这就是在“分众”的背后新的“聚众”的需求。

换言之，离散营销的真正意义在于，理解与重视 “碎片化”的真正意义，营销人需要放下整合营销的“权威”，释怀营销人梦想中的“Leading Agency”理念，让契约精神重燃。

将内容更贴近于媒体

我们希望内容信息更加贴合媒体形态，这就使我们对“内容为王”有了新的理解：内容重要且有价值，但它需要依据媒体形态来创造价值，这就需要我们告别一篇新闻稿、一个广告创意打遍天下的时代，而对内容的创造提出更多元化的要求。

爱奇艺和微信公众号必然是不同的媒体；而优酷和爱奇艺是相同媒体；bilibili 与优酷相比，虽然都是视频媒体，但调性不同。通俗来说，营销人需要为每种频率的媒体形式创造不同的创意内容。这非常类似于中国古代王公贵族们对艺术品的要求，不仅要形式丰富，其每件作品也得是工匠艺术家们手工打磨而成的，也就是说每件作品也需要有艺术的温度。

研究表明，中国古代的工匠们根据需要将各种素材进行不同的排列组合，就能创造出很多的纹饰变化。另外，器物组合也是区分贵族等级地位的重要依据，不同的组合代表了拥有这些青铜器的贵族的不同地位。这些器物的组合形式，实际上就是把单个的青铜器当作固定的模块，通过不同的组合来体现差异和变化，这种方式无疑就是模件化思维的体现。

秦始皇陵墓中的兵马俑大军，现在我们能看到的一个个形态各异的兵马俑，其实都是用事先分别制作好的零件拼接出来的。主要的部件包括脚踏板、双脚、躯干、双臂、双手和头部，每种部件的款式其实也都十分有限。比如手就只有伸掌和握拳两种类型，脚也只有两种，类型最丰富的头也只有八种而已。但是工匠们把这些部件按照不同的排列组合拼接起来，就变成了形态各异的兵马俑大军。

这里特别需要强调的是模件化，这跟之前我们所了解的规模化有着本质的区别。模件化思维源于睿智的中国人对于创造力的认识和追求。中国人既没有狭隘地将创造力定义成简单的创新，也没有为了实现艺术品的规模化生产就去追求毫无变化的机械复制。他们将规模化生产和个体特征视为硬币的两面，并依靠模件化体系在二者之间找到了伟大的平衡，而在这种平衡的状态中就迸发出了无限的创造力。

最核心的是，你是否能感受到这个创意内容的温度。

创作意识流

1928 年春，31 岁的威廉·福克纳开始写第三部关于康普生家族的小说《黄昏》，这就是后来的《喧哗与骚动》。

虽然，之前银行职员和邮政检查员的工作对他来说都不成功，但在 28 岁开始他的写作生涯之后，他实现了 9 岁时的诺言——“我要像曾祖爷爷那样，当个作家。”——这句话他一再重复，变成一句口头禅。

起初，编辑们并不看好《喧哗与骚动》。1929 年 10 月 7 日，《喧哗与骚动》这部小说出版之后，受到评论界好评。美国哲学家巴雷特评价昆丁那一章说：“这一节的描写，以及这本书本身，是一个杰作，或许堪称迄今为止美国人写出来的最伟大的作品之一。”意识流是这部作品最显著的特色，但是意识像水流一般自由无序，不受时空的限制，所以它在表达上的概念化、片面性容易给读者造成阅读上的障碍，部分读者因为无法忍受那些貌似混乱无序的字词排列而中途放弃，而另外有一些坚持读完、循到路径的读者，又对这部作品赞叹不已，这也是意识流的魅力所在。

《喧哗与骚动》的主题是家族故事，它讲述了美国南方杰弗生小镇上，康普生一家 1910—1928 年发生的事，涉及的人物有：康普生先生和太太，第二代昆丁、凯蒂、杰生、班吉，第三代凯蒂的女儿小昆丁，以及黑人女仆迪尔西家的三代人。《喧哗与骚动》没有像传统家族小说那样，按照时间顺序进行线性叙事，而是从 18 年的跨度中选取了 4 天，分别是 1910 年 6 月 2 日，1928 年 4 月 6 日、7 日、8 日，并通过四个人物不同的视角进行叙述。小说对时序进行了错位，第一章是 1928 年 4 月 7 日，接下来分别是 1910 年 6 月 2 日、1928 年 4 月 6 日和 4 月 8 日。这样的时序安排需要读者在阅读时对事件发生的顺序重新进行排布，从而增加了对小说的阅读和理解难度。《喧哗与骚动》出版 15 年后，福克纳为小说增加了一个附录，以人物简介的形式，将康普生家族过去两百年来的人物做了介绍，同时对小说主人公 1928 年之后的事情做了交代，使小说的故事变得更加真实、可信。

之后，《喧哗与骚动》被认为是意识流小说的代表作，打破了传统的以钟表时间为顺序的情节构思，为其后期作品“多角度叙事”及“意识流”的特点打下了基础。出版以来，就被一代又一代评论家所称道，被众多作家学习和模仿。

从某种程度上说，意识流的创作手法，对于我们今天的多媒体平台，碎片化场景时代的内容创造，提出了一个新的解决方案。在上面的傅里叶理论中我们将时间转换成频率的概念以更符合多媒体传播惯性，但我们知道时间被人创造出来，在记录时间点以进行有效的人类协同之外，还有一个特点是反证人们的线性思维关系及因果关系，对于我们在各个场景和媒体形式中不断切换的人们来说，意识流这种看上去杂乱无章的排序方式反倒给以人们自己为核心的线性思维形成了一个合理解释。

美国心理学家威廉·詹姆斯认为，人的意识活动不是以各部分互不相关的零散方式进行的，而是一种流，是以思想流、主观生活之流、意识流的方法进行的。同时又认为人的意识是由理性的、自觉的意识和无逻辑的、非理性的潜意识所构成的；还认为人过去的意识会浮现出来与现在的意识交织在一起 ，这就会重新组织人的时间感，形成一种在主观感觉中具有直接现实性的时间感。法国哲学家柏格森强调并发展了这种时间感，提出了心理时间的概念。

也就是说，人们协作体系中的共同标准以时间为序列，在一个场景中阐释前因后果才能让别人理解，也被认为是正确的。这类似于我读小学的时候，老师一再要求我们写文章要有中心思想，主要内容和观点。而在今天，以时间运行的方式，将各部分互不相关的零散场景按照流的方式来进行组合，未尝不可。

罗振宇谈论《罗辑思维》的时候，说他并不认为《罗辑思维》的内容需要划定一个界限，或聚焦在哪个主题上面，反倒是想到哪里说到哪里。

“不舒服”与媒体环境的契合

1879 年，法国一位名叫路易斯·埃米尔·惹瓦尔的眼科医生发现，人们看书的时候，视线并不是平滑地扫视文字。他们的视觉焦点小幅跳跃前进，目光会在一行文字的不同落点短暂停顿。此后不久，惹瓦尔在巴黎大学的一位同事又有另一个发现：目光停顿，即眼注视的模式可以有很大的变化，变化情况取决于阅读内容和阅读主体。

换个角度来说，当人眼注视的模式发生变化时，其实阅读内容和阅读主体也在变化，或者需要有相应的变化。19 世纪，随着人们生活节奏的加快，备忘录的普及度降低了。至 20 世纪中叶，人们对记忆本身的偏爱也开始减弱。进步教育家甚至把做笔记当作不文明时代的历史残余。整个 20 世纪都在不断引进新型存储介质——录音带、录像带、缩微胶卷、复印机、计算器、电脑磁盘，这些存储介质极大地拓展了“人工记忆”的范围和可用程度。把信息装进自己脑袋的重要性似乎越来越低了。在互联网上，无穷无尽的数据可以轻松检索，这项技术的出现不仅使我们对记诵的看法进一步发生改变，也引起了我们对记忆本身看法的改变。

此前，在历史的任何时候，认为记忆可以“外包”的观点都是无法想象的。基督教牧师兼传媒学者约翰·卡尔金在1967年说道：“我们塑造工具，然后工具塑造我们。”

西蒙舒斯特出版社发行人朱迪丝·克尔在解释视频书背后的推动力时说：“人人都在努力思考，在21世纪怎样才能实现图书和信息的最佳结合，你不能一成不变地仅仅提供线性文本了。”

心理学家、神经生物学家、教育专家及网站设计人员进行了很多不同研究，这些研究都指向同一个结论：当我们上网的时候，就进入了一个鼓励粗略阅读、三心二意、肤浅学习的环境。也就是说环境影响人们的意识流阅读。

意识流的叙述不是按时间顺序依次直线前进的，而是随着人的意识活动，通过自由联想来组织故事。故事的安排和情节的衔接，一般不受时间、空间或逻辑、因果关系的制约，往往表现为时间、空间的跳跃、多变，前后两个场景之间缺乏时间、地点方面的紧密的逻辑联系。时间上常常是过去、现在、将来交叉或重叠。通过触发物的引发，人的意识活动不断地向四面八方发射又收回，经过不断循环往复，形成一种枝蔓式的立体结构。

也正是意识流的不舒服给人们带来更多联想，主观代表个性，也更能让群体感知其魅力，与之为伍。

第八章

从关注到想象

1900 年的一个清晨，在泰晤士河畔的伦敦，约翰·奥姆与其他 650 万普通市民一样，开始了一天的生活，还是一样的面包，还是一样的咖啡，还是那顶贝雷帽，还是那双鞋走在去往工厂的路上。道路上不乏富人们呼啸而过的马车，汽船轰鸣声是这几年的新兴事物，但一切习以为常就成了一种“疲惫”。约翰·奥姆习惯性地给了报童 2 便士，拿起来一份报纸。

报纸上，赫然醒目的一则广告紧紧抓住了约翰·奥姆的注意力：

招募男士参加冒险旅行。

工资很少，环境严寒，数月不见天日，危险四伏，可能无法全身而归。

成功之日，光荣和赞誉纷至沓来。

——欧内斯特·沙克尔顿

这则广告是由欧内斯特·沙克尔顿撰写的。后来，欧内斯特·沙克尔顿成了英国著名探险家爵士。英国皇家地理学会和另一个科学团体皇家学会出资组建了一个国家南极探险队，通过广告的方式面对伦敦市民招募志愿者。

广告一经刊出，霎时应者云集。也正是那些不安于现状，视光荣和赞誉高过一切的人，被广告丰富的想象力牢牢吸引住了。这则广告的力量，不仅仅在于它唤起了人们对光荣和赞誉的自然追求（虽然风险很大，工作异常艰辛），同时也在于它内容十分坦率，简明有力，激发了人们内心的激情。

经济，一种想象的力量

雅浦岛是来自太平洋的一个小岛，位于太平洋板块，接邻菲律宾板块。这个岛很小，土地总面积约为 102 平方公里，现在岛上总共也就有 6000 多人，早个百来年，人就更少了。但是这个岛很有名，因为岛上的人使用的钱是石头做的，叫石钱。这些石钱都是圆形的，当中有个窟窿眼儿——和中国古代的铜钱一样，圆形有个窟窿眼好用绳子串起来带着走。但有个问题是，这些石钱个头其实都非常大。最小的直径都得有 30 厘米，相当于 3 个 iPhone 手机的长度。这还是最小的石钱，最大的石钱，直径有好几米，重量超过 4 吨，个头越大，这块石币也就越“值钱”。这么大、这么重的钱，就带来一个问题——这钱怎么花。

这就是这个岛的神奇之处了，在花钱的过程中，雅浦岛的人根本不需要移动这些石钱。它们原本放在哪里，交易完之后，还在哪里。研究雅浦岛的科学家们发现，这个岛上的人们形成了一种特别神奇的交易方式。

这些石头的确很难搬运，所以它摆放的地点可能离拥有它的人很远。比如，我有一块石币，但是放在别人家的园子里。而你们家的那块石币，放在半里路之外的一个路口上。那怎么去判断某块石币属于谁呢？你可能会想，那简单，在石头上刻上自己的名字不就好了嘛。如果你真的这么想那可就错了，其实不用，你只需要让这个岛上的人们都承认这块石币是属于你的就行了。要用这块石币买东西，也很容易，只要带着石币的接受者，还有一些见证人到这块石币的前面做好交接，大家也就认可石币的主人变换了。

雅浦岛上的石头货币

更有意思的是，有学者发现，即使这块石币丢了，大家也依然会认可它的存在。比如，制作石币的石头并不在这个岛上，而是出自附近另一个岛上。有一个家族去那个岛开采了一块特别巨大的石币出来，装在船上准备运回雅浦岛，谁知道这块石币在半路上掉海里了。尽管如此，岛上的人们依然承认这块大石币的存在，照样可以用它来进行交易。

说到这里，我们可能会觉得雅浦岛上的人们真的太随便了，找几个人说某一笔钱是谁的，那就是谁的了，而且还承认看不见摸不着的钱也是存在的——这不是太搞笑了嘛。但不可否认，事实就是如此。即便是方便携带的贝壳或是铜钱货币，其本身也是毫无价值的，本质上是一种所有者与市场关于交换权的契约，根本上是所有者相互之间的约定，是建立在相互信任、共同想象的基础上的，这和雅浦岛上的石币并无本质的区别。可以说，人类的分工合作、商业交换是建立在想象基础之上的，反映了个体与社会的协作关系。

也正是以这个作为开端，人类区别于动物，形成特有的文明、家庭、自由、社群等，一切都不过是我们能够想象出来的东西而已。以民族为例，民族就是一个通过想象被创造出来的共同体。在18世纪晚期，当资本主义印刷业开始以普通民众为目标，开拓方言印刷品市场时，人们逐渐获得了和陌生同胞联结在一起的想象。这种主观上的建构和认同，奠定了现代民族意识的基础。对民族的想象和民族独立运动，最早起源于美洲殖民地，而不是欧洲，随后在全球扩散，一共产生了四波浪潮。在短短几百年间，民族和民族主义在人们心中扎下了根，获得了强烈的情感正当性，这是因为民族是一种天然属性。

今天，我们时常会讲的社群营销、粉丝经济，如此看来也不过是某种社群共同体的共同想象，类似于民族共同体的形态。

想象力的价值在于，它源于已有文明却又不限于已有文明，它的创造性会引导人类突破已有的知识和经验，进行超越现有文明的探索。正是这种探索，促使人类完成认知升级，最终把文明推向一个新的高度。历史学家提出了很多理论，从进化论、经济发展等角度来解释这个问题。事实上，想象力是我们人类本性的一部分，也是文明发展的重要原动力。

经济学上有一个概念，叫“合成谬误”，指每个个体的行为都是正确的，但是合到一起后，可能就形成了一个谬误。那我们不妨根据这个词杜撰一个词——合成真实——一件事，可能中间的每一个环节和要素都是错的，但是这些错误合在一起时，却会导致一种意想不到的真实。这也正是想象力的力量，在不真实的基础上建立了真实的经济基础。

当商业失去想象

对桑顿上校来说，战争不是男性生命中突兀的片段，而是男性力争上游过程中的一部分。他们从军的岁月代表弥足珍贵、可以待价而沽的经验。

他们十个人不是转战沙场的勇士，但是他们在第二次世界大战中，使对敌空战的效率高得可怕。桑顿招徕当时最聪明的人加入他的麾下，让他们在哈佛大学接受“先进管理技术”的训练，再把这些人派驻到世界各地遥远的外站，一到战场后，他们负责收集现代战争的事实和相关数字。桑顿在国防部奋力建立制度，追踪每一天美国空军有多少轰炸机和战斗机可以派赴战场。他们把飞机和机场、机员和飞机、武器和飞机匹配在一起，比较 B-17 轰炸机和 B-24 轰炸机的相对优势。这些把战争变成科学的专家，协助美军组织、管理、推动足以让敌人致命的空战。

要是有人能把这种奇异的点子推销给福特二世，这个人非桑顿上校莫属。1945 年时，他才 32 岁，但是在外表和言辞上却充满权威。有一位仰慕他的人说，他和你面对面时，就像太阳照着你，浑身散发活力，他可以用浑厚的德州腔，迷住每一个人，他人长得粗犷潇洒，身材中等，体格健硕，热诚迷人的面貌，圆圆的脸，淡褐色的热情的眼睛，让人失去戒心的迷人笑容，牙齿间总是咬着冒烟的短香烟滤嘴，有着已故罗斯福总统那样感人的盛情，也像小罗斯福总统一样温煦直接，不顺心时会大发脾气。战争结束以后，美国替这个世界划定了新地图，在欧洲和其他地方制定了新疆界，桑顿和他的战友也要在商业上做同样的事情。这场战争既是民主的胜利，也是美国式管理的胜利。

这是在《蓝血十杰》一书中，核心人物查尔斯·桑顿的第一次出现，也是他作为“蓝血十杰”中的一员出现在我们的视野里。这是在美国商业史或管理史上，以“十杰”之名存于世的“第一团队”。自 1927 年以来，他们一直是美国制造业的骄傲，且开创了数字管理的经典，他们之于商业史或管理史有重要意义。这“十杰”是“二战”期间美国空军的后勤英雄，卓有成效地将数字化管理模式用于战争，为盟军节余了数十亿美元开支。他们虽然不全都出身名校，却造就了一所名头响亮的学校——哈佛商学院。“二战”结束后，他们被福特汽车招至麾下，掀起了一场以数据分析、市场导向、成本控制及强调效率和管理控制为特征的深刻的管理变革，拯救了深陷衰退的福特汽车，开创了全球现代企业科学管理的先河，推动了美国历史上最惊人的经济成长。

这里不乏我们耳熟能详的福特汽车公司的“只要是黑的便是好的”大行其道的故事，数字化管理有效地强化了“质量功能部署”“企业过程再造”“节约成本”，这样更有利于企业创造最大化的价值。在大规模生产时代，市场份额是最重要的尺度，企业唯一的目标便是生产更多的产品，占有更大的市场份额，生产的越多，创造的越多，企业的价值获得水平相应也更高。

然而，市场逐渐趋于饱和，经济形势也开始转变，这时产品导向的企业更多的是在生产过程中降低成本、提高质量，推出更多更新的产品来占领市场，来满足第二波的选择性需求高峰，在这个转变中我们应该关注到一点，当需求不再是既定地存在于市场的时候，产品本身就不能有效兑换为一般等价物，“生产制造”型企业也就无利润可谈了。

对于企业战略来说，竞争只是一种幻觉，因为企业在市场中并没有“纯粹的敌人”这个概念，可能有人会说竞争对手就是敌人啊，但你的确是想要有市场收入，而不一定是要击垮对方。所以，同行这个概念在企业战略中其实是个假设，假设竞争对手是某某企业，然后我们再来组织企业内的力量，协同去达到目标，并实现获利。所以，这里的“假设”无疑都是基于想象来凝聚共同体，开拓市场空间，创造价值。

所以，对比而言，一旦企业失去了想象力，一味只通过关注各种各样的数据来管理公司，就只是一个存量优化的过程，而不是一个增量激发的方式。

说回桑顿的商业故事。桑顿在离开福特后另起炉灶。他花了 10 年时间，就把一个营业额仅有 300 万美元、员工只有 250 人的利顿工业公司变成了营业额高达 5 亿美元的庞大企业集团。但是，桑顿的管理严重依赖财务报表，资产收益率、营业额等数字是集团内部唯一重要的事情，真实的业务情况反而无关紧要。

这种管理模式导致的危机在公司高速增长 15 年后全面爆发，公司股价雪崩式下跌，一个月之内被腰斩。之后，利顿工业失去了华尔街明星企业的光环，再也没能从经营泥潭中彻底走出来，直到桑顿十多年后去世。

这也印证了熊彼特的观点：“许多企业没有系统的书面战略，而是靠企业家个人的诸如直觉、判断、智慧、经验和洞察力等素质，来预见企业未来的发展，并通过他的价值观、权力和意志来约束企业的发展。战略是一个企业家对企业未来图景的洞察过程，其核心概念是远见。”

注意力，想象力的序曲

如果大家觉得想象力这个词在营销场景中有些突兀的话，我们先聊聊大家都熟知的注意力。“注意力”这个概念最早诞生于心理学科，“注意力经济”

（The Economy of Attention）一词最早是由一位名叫桑盖特的心理学家于 1990 年提出来的。个体的信息过载导致注意力的经济化，这也符合“新的短缺产生新的经济”的经济学规律。目前，维基百科对注意力经济的定义是：人类能够把注意力集中在处理的信息上的能力有限，即注意力有限，而世界上的信息无限。形成一种类似经济学的有限资源与无限欲望的对价关系，甚至比实际货币的影响更宏大，关系到该企业或个人的收益成败，所以称为注意力经济。

记得在 2000 年年初，国内也正以注意力经济为旗帜，一些新兴的互联网公司在那时崛起，作为当时兴起的门户网站，争夺着大众的眼球，如搜狐、新浪、网易，以及现在少有耳闻的 Tom.com。

当然，在媒体上的眼球竞争越来越激烈的同时，广告业也作为一个新的社会分工逐步壮大起来。广告业竞争愈演愈烈的环境下，也必然演化出对这个职业给出的特殊利益诉求和荣誉诉求的评选，这其中最著名的就是“戛纳广告节”，它可是号称广告界的奥斯卡的，每年都有无数的公司和个人去争夺广告节的奖项。

不过说起“戛纳广告节”，泰国广告公司可以说是得奖大户。早在 1997 年，泰国广告公司就在戛纳广告节上拿了银狮奖。在第三届亚太广告节上，泰国一口气拿了三金二银七铜，稳居亚洲第一。但是从另一个角度来考虑，广告有什么作用呢？不应该只是为了注意力，而是奔着产品的广告传播效果去的吧。按理说泰国既然有那么发达的广告业，它对于本土品牌的带动作用应该会很大，但是奇怪了，好像没听过什么有很大影响力的泰国品牌。

我们尝试去分析一下原因，有可能是营销人进入了注意力的误区，观众的注意力都被精彩创意吸引走了，怎么还会记得你宣传的产品和品牌呢？

过多抓住观众的注意力，反倒在观众拍案叫绝的过程中，给产品和品牌的想象力提供了更稀缺的能量、更狭窄的空间。这就好比我们忘了抓住受众注意力的初衷，显然，我们吸引客户的注意力，其实是为了让他们获得实惠的方案，因为，人们购买的不是产品，而是解决方案。营销想象力能够帮助人们去解决问题，这是关键所在。如化妆品出售的不是产品本身，而是希望。这也就是为什么我们往往会去差异化营销，这是对用户产生想象力的最好诠释。

所以，注意力经济为想象力营销奠定了基础，但致力于注意力必将失去想象力。一旦抓住用户的注意力后，我们需要去营造想象力的环境，想象力就可以还原为连接不同事物的能力，创造无中生有的“内在需求”。

日趋廉价的注意力经济

在媒体行业中，利用消费者每小时的注意力所赚取的美元比率并不是很值钱。美国人一年在电视上投入 5000 亿小时，但每小时平均只产生 20 美分的收入！如果别人以这样的工资雇你看电视，你每小时的收入就相当于第三世界的小时工资，与受雇把石头砸成碎石的苦力收入相当。广告行业，注意力质量的差异通常由名为 CPM (Cost Per Thousand，千人成本）的指标反映。

然而，我们也发现人们花费在 Twitter、Flickr、Facebook 等社交网络上的分钟数在逐渐变多。这呈现的只是在未来的一个价值体系。这种大联结形式目前被称作社交媒体。它们的目标是，通过尽可能多的方式将每个人与除他自身以外的所有人联结起来。

在此，人就是节点，他们产生信号。比如，我们经常用的微信，腾讯公司做了这个用虚拟代码合成的产品，本来什么都不是。但是只要全世界有十几亿人相信，在微信上面可以和自己的朋友交流，可以传播自己的想法，甚至买东西，这样一来它创造的共同想象就成为真实客观的存在。

在信息充裕而信息交流不充裕的时代，注意力的确是宝贵的。而今，社交媒体正在人和人的连接之间起到结交朋友、维系感情、优化工作的作用，当然也有恶化关系的可能性。这正是我们观察到的，数字把这些场景和人虚拟起来，变得更抽象、更去地域化、更廉价、更有效。

科学家做过这样一个实验，他们给志愿者戴上一种特制的眼镜，这个眼镜能把一个人的视线焦点反馈给计算机，然后让志愿者阅读电脑屏幕上的文章。这个实验巧妙的地方是，计算机能知道志愿者的视觉焦点在哪里，所以只在焦点上显示有意义的文字，其他的地方都是乱码。最终的实验结果是，每个志愿者都觉得这个计算机显示的文章是正常的，没有人看出不同。这个实验说明，我们对世界的见识就像盲人摸象，只是从自己接触到的那个部分来建构外部世界的模型，用一点点信息去想象外面世界的真实情况。

商业想象力的崛起

波特是商业管理界公认的“竞争战略之父”，著有《竞争战略》《竞争优势》等著作。在全球金融危机退潮之际，他所创立的管理顾问公司摩立特集团却不得不申请破产。这家顾问公司鼎盛时期在全球有 27 家分公司、1500 位顾问，在咨询业排名第四。

一直以来，企业界的战略思维似乎被战略大师波特一个人的观点左右了。管理者谈到战略时，不摆一摆波特的“五力模型”，不提一提波特的“总成本领先、差异化和专一化”，似乎就显得自己是个旁门左道。不可否认，波特的框架对我们分管逻辑、分析、数字的左半脑具有强烈的吸引力。然而，问题也可能就真的出在这种纯粹的左半脑思维方式上。

正如《管理咨询的神话》一书的作者、顾问界内部人士马修·斯图尔德所指出的那样：“就后知后觉而言，战略家的理论总是 100%精确的；但是，当把他们的理论投向未来时，战略家整体上都表现得极为糟糕。虽然波特本人很明智地选择了避免对未来做出预测，但那些想要让自己的概念框架变得有用的战略家们则没有那样做。问题的关键不在于战略家缺少‘千里眼’，而是在于，他们的理论实际上并非真正的理论，而只不过是‘本来就是这样’的理论，其唯一的贡献是确保让过去变得有意义，而不是对未来做出预测。”

我上文所谈到的桑顿上校似乎也犯了这个毛病，就是看不到有些事情是不能用数字来量化的。他们对自己的能力盲目自信，这种信心不是来自真实的市场或前线经验，而是高度抽象的数据化资料。一旦遇到难以精准量化的复杂系统，比如一个庞大的企业集团、一次局部战争，就可能遭遇致命的挫败。

我们进一步去理解这个道理，人类的大脑处理信息的能力是有限的，人们并不会理性分析全部信息，而是会找捷径，依赖于直觉偏见，做出一个说得过去的决策。所以，也就是说理性和非理性只是相对而言的，并且消费者在决策时，理性和非理性的因素都需要我们考虑在研究范围内，所以，纯粹的理性论调必然是偏颇的。

想象力正是将感性和理性综合一番进行决策的，现代营销学的奠基人西奥多·莱维特就曾经定义过所谓的营销想象力，就是对顾客的需求做出富有想象力的响应，理解顾客最真实的需求，抓住企业经营的本质，从而创造性地制定针对顾客需求的企业运营计划。

想象力是人在已有形象的基础上，在头脑中创造出新形象的能力。比如说当我看到红茶，我马上就会想象在老式的英国伦敦街道上，女士们正在惬意地交谈，享受着英式下午茶的场景。因此，想象一般是在掌握一定的知识面的基础上完成的。想象力是在头脑中创造一个念头或思想画面的能力。

与注意力的源头不同，想象力源于哲学概念。哲学方面，想象力是介于感性与知性之间的中介性能力，是先天纯粹的，能够沟通感性和知性，具有感性的某些特点，想象力产生图式。所谓图式，是人脑中已有的知识经验的网络。而图式是一种先验的范畴，是包括动作结构和运算结构在内的从经验到概念的中介。这样想象力通过其所派生的图式及继而产生的图像达到将先验范畴有效用于直观且表现复杂繁多的全过程。

构建营销想象力

营销想象力是企业取得成功的出发点，因为想象力能够帮助我们透过表象找到营销的内涵——那就是人们购买的不是产品，而是解决问题的方案。不会存在某个科学的商业模型可以让你一眼看到顾客心里想的是什么，为了弄清顾客所想，企业只能通过发挥想象力去深刻地理解消费者的行为，从而真正制订针对顾客需求的营销计划，而不只是自顾自地强调自己的产品有多好。

市场营销和企业正确的目的应该是什么?

我们购买牙膏时，买的不仅仅是牙膏，也包括了牙膏发明人的创造力、制造牙膏需要的有关化学反应的知识、生成氟化钠的技术、把牙膏装入铝管的方法，以及氟化物对牙齿和身体健康有积极影响的相关认识。

想象力是将现实重塑为意想不到的可能性的能力。当知识过时之后，理性就失去了活力。但即使老化最严重的知识也会在想象力的刺激下自我更新，重新焕发生机。

所谓的品牌忠诚度，以及作为结果的重复购买，其实不过是源自不断地对想象力认知加工而形成的镜像体验，而对其他的品牌缺乏想象，故而为之罢了。

这个过程分为以下三步。

首先，建立想象认同。当目标消费者意识到他和主角之间有共通的人性的时候，他的直觉会遵循亲近主角。在制造这个感觉的过程中，营销人可以用相似的方式切入。尤其是社交媒体盛行的今天，营销人往往会采用社交账号运营拟人化策略，以完成企业品牌人格化的想象。

人格化就是对客观事物赋予人的形象和特征，从而产生的新形象。表面上，当品类选择一种人格化定位的时候，他们放弃了其他类型的人格定位，比如，当你定位为辣妈的时候，其他的家庭主妇、职场妈妈貌似不在这个群体范围内。当然，想象认同一旦建立之后，“辣妈”群体所带来的想象空间和真实感会使得这个品牌或产品更有独一无二的记忆点。占领心智、建立独特想象是传播的意义所在。但是困扰你我的是，是否可以把更多的群体囊括其中？因为，当你把所有的能想象的群体都囊括其中，那你其实是无法把任何一个群体囊括其中的，因为，你无法建立想象认同。

其次，我们需要建立潜意识互换。一旦目标群体对主角产生认同，就需要让他们感受到这是他们自己的故事；这种潜意识里产生的从虚构到自我的镜像互换简单地解释了缘由。

电影《盗梦空间》讲述的就是这样一个故事，多姆·柯布（莱昂纳多·迪卡普里奥饰演）是一位经验老到的造梦者，他在这一行中算得上是最厉害的，因为他能够潜入人们精神最为脆弱的梦境中，窃取潜意识中有价值的秘密。柯布这一罕见的技能使他成为危险的企业间谍活动中最令人垂涎的对象，但这也让他成了一名国际逃犯，失去了自己的所爱。而有一天，柯布有了一个赎罪的机会，只要完成最后一项任务，他的生活就会恢复本来面目。但与以往不同的是，柯布和他的团队这一次的任务不是窃取思想，而是在人们的潜意识中植入思想，重塑他们的梦境。

所以，观点的植入和想象的植入会很不一样，观点可以通过说服的方式来输入，而当你去植入一个想象的时候，你需要告诉想象者这是你自己想象的而不是外来的。也正是这个差别，想象力所蕴含的行动力会更加主动有效。

最后，我们需要从想象到行动。潜在消费者通过想象产生的镜像体验激励他们采取行动。

有一项科学研究表明，记忆功能会把我们之前说的想法、想象的事件标记为“似乎如此”，并和真实事件一起储存起来。随着时间的推移，“似乎如此”渐渐转化为“确实如此”。在应对未来的时候，理性不会刻意区分这些记忆是虚构还是事实，而是聚焦于这些记忆中相通的子结构。人的意识将“确实如此”和“似乎如此”背后的因果关系抽象出来，融合在一起。

这种潜意识里产生的从虚构到自我的镜像互换简单地解释了缘由。大脑中的其他部分负责执行这些决策，但是决策背后的思想只存在于布罗德曼第 10 区。在这一区域中，过去流向未来。人的心智会记住过去经历的因果关系的模式，借此规划未来的行动方针。

也就是说，建立在潜意识互换基础上的想象植入，人们就会将这种原本的有意识想象演变成一种无意识想象，而这种无意识想象长此以往，还会形成所谓的必然因果关系，而当因果关系建立、执行，行动也成为必然之势。

因果律指对逻辑上有因果关系的事物产生的联想。比如早上看到地面潮湿，会想到可能是夜间下了雨。传播中常用这种因果关系揭示某种商品可以满足消费者的某种需要，把商品观念和需要观念联系起来，以突出产品的个性。

情感镜像体验始于共鸣，也终结于共鸣。观众迅速在潜意识里陷入对主角的认同，也就是我们所说的共鸣。这种重新演绎不仅满足了消费者的需求，也达到了营销者的目的。简而言之，受众的确变成了消费者。

第九章

从执行到营造

预言家麦克卢汉

1965 年秋天，《纽约先驱论坛报》不得不宣告《理解媒介》的作者麦克卢汉是“继牛顿、达尔文、弗洛伊德、爱因斯坦和巴甫洛夫之后的最重要的思想家”。一夜成名的麦克卢汉到处演讲，听者如云。记者描述说，他拥有“以偏执狂似的不可抗拒的信仰所赋予的、罗马祭师才享有的那种魅力”。

然而早在 1951 年，麦克卢汉第一本专著《机器新娘》出版，这本书广泛分析报纸、广播、电影和广告产生的社会冲击和对人们的心理影响，但没有产生多大的影响。直到二十世纪六十年代初，麦氏依然不名一文，在大学教英美文学，衣着随便，丢三落四，清瘦的面相中透出几分厚道。在时尚的美国学界看来，这个北美人像一个不合时宜的唐·吉诃德。

直到 1964 年，他的著作《理解媒介》出版，他在书里大胆预言，人类社会的发展经历了一个“部落化—非部落化—重新部落化”的过程，最终整个世界变成一个新的“地球村”。按照他的理论，交通工具的发达使地球上的原有村落都市化，人与人的交往由直接的、口语化的交往变成了非直接的、文字化的交往，而电子媒介的发展又将都市重新村落化，使交往方式重新回到个人对个人的交往。而今，他所预言的地球村已经变成了现实。

就如施罗默·桑德表达的一样，所谓的“民族”都是事后制造的概念，部落其实是组成“民族”这个概念的更小的一个概念。在这个群体内部，一般有着共同的语言、文化、历史、身份认同和知识价值体系，甚至是宗教信仰。就如同我们所熟知的果粉、二次元人群、嘻哈一族等一样，他们或是主动或是被动地贴上了这些部落标签。“粉丝”社群正是新产生的部落，而品牌将成为部落化过程的重要平台。未来，传统营销体系逐渐崩溃，新的社会关系群体随之建立，将品牌关联到部落中则成为企业的必然选择。

思想家麦克卢汉

营销人：现代商业传教士

人在社会中不是孤立的，人的存在是各种关系发生作用的结果，人正是通过和别人发生作用而发展自己，实现自己的价值。

在复杂的人际交往中，信息的流动构成了源源不断的流量，这些流量对企业而言就是巨大的、可发掘的金矿。社交网络和人际网络存在映射关系，利用如今的技术我们可以对网络关系链进行统计分析，从而在虚拟网络中实现真实的用户关系链的融合，实现社会化重构。

我们知道，腾讯之所以能够稳坐互联网三巨头之一的位置，靠的不是工具应用的垄断，而是通过 QQ、微信等社交产品，打通和绑定用户关系链。关系链成本是锁定用户行为和忠诚度的一个指标，如果没有社交关系的绑定，很多功能强大的产品就很容易被用户放弃，而注入了社交因素的产品，使用频次会明显增多，口碑推荐会提高用户信任，消费者购买完毕，朋友间还可以相互比较。而当用户要放弃产品时，也要慎重考虑脱离圈子的影响。你可以很轻易地离开一个书店或者商场，却很难轻易地离开一个朋友和一个朋友圈。

所以，今天的营销人和神职传教人员类似，将会不断“传教”，发展品牌“信徒”，形成品牌“部落”。对一个用户而言，关注你的产品可能只是出于好奇，或者想看八卦新闻甚至负面消息。而“信徒”则是自媒体时期企业做品牌最利好的一个流量源。

“信徒”是企业产品的忠实用户或者喜爱者。“信徒”不仅会主动消费，而且会成为企业的“自来水”，也就是帮产品主动打广告，做口碑的“免费水军”。品牌对心智的占领也会起作用，使我们不仅在第一时间联想到该品牌，而且会自发地主动推荐。

但这也会带来一个问题，你是否可以承载和驾驭这些“信徒”。

“信徒” 规模的极限

有了规模就有了“规模效应”，在家大业大的情况下，问题虽然多，解决问题的手段也多。所以无论是公司自己还是资本市场，很自然都会形成一种规模崇拜。大家都想增长增长再增长。所以，这也是为什么从专家的角度来说，都是期待增长的，但是一旦专家们觉得产品无亮点，无法达到增长预期的时候，问题就要出现了。

对于如何解决这个问题，《规模》一书的作者——著名理论物理学家杰弗里·韦斯特，在他的这本书中给出了这样一个建议：公司和城市是有区别的，这是必然，城市与企业相比，规模在不断扩大，而且我们能感觉到，城市规模越庞大，对于市民来说其中的便利性、福利、收益也会越高，这从一线城市的市民的“围城”心理中也能观察出来。

然而，一个公司能像城市那样发展吗？城市是一个自由发展的网络，规模增大，连接数就增大，网络效应带来规模效应，所以它的增长没有上限。只要人口可以输入，城市就可以一直增长。城市规模越大，人均所需的基础设施就越少。比如加油站，人口规模每增加一倍，城市只需要增加 85%的加油站，而不是翻倍。你看，一旦规模增大，系统反而会更加节省资源。其他，比如电线、道路、水管和燃气管道的总长度，也都符合这个规律。人口增加一倍，这些资源只需要增加 85%。反过来，城市越大，社会活动就越丰富、机会就越多、工资就越高、整个城市的经济产出就越大。这就是为什么城市化的程度，尤其是大城市的人口密度，就成了衡量一个国家繁荣程度的指标。

那么公司呢？公司内部虽然也有网络效应，但是，公司是一个天然要控制内部资源的组织。小公司里每个人互相认识，内部沟通非常充分，网络效应很强，所以小公司长大很容易。但是大公司呢？规模越大规矩就越多，啥叫规矩？就是控制。也就是说，当企业组织膨胀到一定的级别，其每个部分的个体会自然演变成一个庞然大物而形成一个模块；同时，每个模块都有自己的商业战略目标。所以大公司到最后，各种各样的组织部门，部门和部门之间沟通比和公司外部的组织沟通还要困难，其实网络效应是递减的。这样公司就很难再成长下去了。

这跟生物很像，生物体的生长是有极限的，细胞一旦长成，基本上就只消耗资源，不生产新的东西。两个细胞很难有发生连接的可能，也就没有了网络效应，就不会在生物体内爆发一次革命。

所以，要想规模不断增长，就得学城市，而不是学生物。生物要求稳定性高，越稳定，网络效应就越差。但是，反过来，也得意识到，追求城市的网络效应，也会导致稳定性非常差。创新这个词，虽然好听，但是反过来就是革命，一个公司能不能受得了反复的自我否定、反复的革命，是一个问题。总之，在规模和稳定性之间，不可兼得。

也正如我们前文所观察到的，人的波粒二象性和企业的逐步进化，这其中的相互交错都使得以人为元素的拓扑网络得以成形。研究营销可以研究这个网络结构中的拓扑的链接关系，这种链接关系是一个很抽象和应用很广泛的概念，形式可以是：人和人、人和企业、企业和企业；方式也有多种：一对多，多对一，多对多。也正是随着网络的逐渐蔓延，商业世界分布式的数字化，分散式的数据化，纵横交错形成无边界化的“商业架构”。

从这个角度而言，之前所有的营销执行都会讲究控制、计划、资源整合、信息统一，这没有问题，在当时的环境下，受众和用户规模都是可见的、可预期的、可控的；但今天，大数据和媒体技术的发展，就像上面所谈到的，使得我们能感知到更广阔的世界，这个世界仿佛变小了，同时个人也在向更融合的社群转变。人们转为一个“信徒”、一个“用户”的成本更低了，营销往往会被置身于一个潜在用户规模不可见、不可控的范畴内，还用以往的控制来换取固有用户规模的增长，效果可想而知。

而今，人的波粒二象性和营销资源交互的崛起，使得营销活动将之前的执行推广项目转化为今天的营造可增长的环境，其中的要素有：结构、规则和算法。

结构：规模与稳定的平衡

20 世纪 60 年代初，年仅 30 岁的兰德公司技术工程师保罗·巴兰接到了一个棘手的项目——组建一个能够在核战争状态中保持运行的通信网络。听起来似乎是在看科幻小说，但在那个冷战的年代，这一切并不耸人听闻。兰德公司组建于第二次世界大战之后的美国，扮演着美国军方智囊团的角色，为军方核武器建设提供知识技能服务来预演战争场景和潜在灾难后果带来的摧毁力。

年轻的保罗·巴兰对这个项目付出了极大的热情，他在 12 卷的《兰德公司建议》中描述了 20 世纪 50 年代通信网络基础设施的脆弱性——采用中心式网络，一旦将这个中心节点摧毁就将破坏与终端之间的连接，从而摧毁整个网络系统。

从这个角度出发，保罗·巴兰提出建设一套新型通信系统：将通信信息转化成很小的信息单元，然后再利用通信网络中的“节点”将这些信息单元予以传输。如果其中某个节点损坏，别的节点能够马上代替进来。换个角度来说，如果部分系统被核武器摧毁，整个通信系统仍能够保持运行。

1964 年，保罗·巴兰发表了有关该通信系统的学术论文，题目为《分布式通信系统》。数年之后，该论文又成为 ARPAnet 项目的理论基础。

1969 年 11 月，美国国防部高级研究计划管理局（ARPA，Advanced Research Projects Agency）开始建立一个名为 ARPAnet 的网络。该网络是建立在“包交换理论”基础之上的一个去中心化的网络系统（Distributed Networks）。所谓“包交换理论”就是把每个信息分割成固定大小的块包，每个包上都注明了从哪里来、传向哪里。这个原理是由保罗·巴伦在 1964 年提出的。他设想在每台电脑或者每组网络之间建立一种接口，使网络之间可以相互连接，并且，这种连接完全不需要中央控制，只通过各个网络之间的接口直接相连。

时至今日，工程师们仍然在使用这种方式来组建网络。这也形成了由拓扑网络结构构建起的互联网的雏形。

从线性发展到树的结构，再到网状拓扑，对营销要素的关注点也不能只关注“产品、价格、渠道、促销”的资源组合，因为组合的目的在于资源的优化利用。

如今的营销要求我们构建一个网络体系，在规模和稳定中寻找平衡。

① 和之前持续地发布内容一样，需要持续激发网友的 UGC 参与。

② 与以往一直强调的不同是，需要多元化的目标沟通，以便可以从中发展出情感联系，将整个集体都联结起来。砍掉这种节点，不会影响整个网络的连通。

③ 目标人群并不是唯一的人群，研究目标人群的特征标签，从特征标签出发、发掘更多的特征人群，与这些特征人群进行沟通，其实不是出中心化，而是中心化，形成中心群落。

规则：获得大于成本

六度空间理论是一个数学领域的猜想，该理论指出：你和任何一个陌生人之间所间隔的人不会超过六个，也就是说，最多通过五个中间人你就能够认识任何一个陌生人。这就是六度分割理论，也叫小世界理论。1967 年，哈佛大学的心理学教授斯坦利·米尔格拉姆根据这个概念做了一次连锁信件实验，他将一套连锁信件随机发送给居住在内布拉斯加州奥马哈的 160 个人，信中放了一个波士顿股票经纪人的名字，信中要求每个收信人将这套信寄给自己认为是比较接近那个股票经纪人的朋友。朋友收信后照此办理。最终，大部分信在经过五六个步骤后都抵达了该股票经纪人，每封信平均经手 6.2 次。

用数学知识来解释的话，若每个人平均认识 160 人，六度就是 160 的 6 次方约等于 16 777 216 000 000（约 16 万亿）。

消除一些节点重复，那也覆盖了整个地球人口若干倍。

今天，“六度分割理论”和互联网的亲密结合，已经开始显露出了商业价值。由于虚拟社交网络的发展，如今现实网络的人际网络可能把这个度已降到了 4 或者 3。虚拟社交网络软件开始支持人们建立更加互信和紧密的社会关联。人们可以更容易地在全球找到和自己有共同志趣的人、更容易发现商业机会、更容易达到不同族群之间的理解和交流。

然而，如果真那么神奇，岂不是能将所有网络用户吸引过来？按理说，通过现有的网络，每次传播活动都能覆盖非常多的人群，并且获得成果，但真实的情况，并不是如此。

说回米尔格拉姆的实验，有 160 个人参与了实验，虽然，其中的一封信在不到四天的时间内，就被传达到了目的地，但当信传到第五个人手上时，最后只有三封信抵达了目的地。

也就是说，六度分割理论只是一种宏观上对人与人之间连接关系的理解。技术实现了这个人与人网络的在线和便捷性，但并不是说通过建立这么一个互动的系统，通过人吸引人，人邀请人，就能够吸引网络上所有的用户。想让这个网络将用户转变成企业品牌的“信徒”，需要考虑以下几个因素。

（1）强弱并举，奠定网络基础。

六度分割理论肯定了人与人之间的普遍联系，但是没有对这种联系做定量分析。我们一生可能会认识千百人，他们有的对我们极其重要，有的对我们无足轻重，我们建立联系的原因和方法也是千差万别的。有父母亲属这类生而固有的联系；也有因为地理位置接近发展出来的，如邻里关系；还有因为共同学习、工作而发展出来的同学、同事关系；也有可能是泛泛之交、一面之缘、点赞之交等。六度分割理论中只把他们统统归结于联系，却没有强弱之分。在网状结构里面，人与人的关系，需要加权处理，在这里，六度分割理论是残缺的。

如今的网络社会正是这种强弱关系的交织，我们能感知到世界在变小，个人在向更融合的社群转变，在这个融合社群中我们是强关系机制，而链接这些社群的关系，是弱关系机制。所以，当我们建立社群，基于一个营销事件想要到达传播目标的时候，强弱关系的组合是第一步需要考虑的。

强关系机制：圈子小；优质内容与唠叨型内容并存；用户加入强关系社区，是为了维系感情，倾诉情感。

弱关系机制：圈子更大；内容更优质；用户加入弱关系社区，是为了表现自我，获得提升，提高知名度；用户关系可以从弱转强。

事实上，强弱关系并不仅仅由人与人之间的关系类型决定，还会由六度理论的度数决定。可以理解的是：一度关系肯定要比二度关系强。此外，强弱关系还可能会根据建立关系的依据来决定，同好/同兴趣、同群组/同圈子、同应用，这类关系相对较弱，但同一类关系的交集越多，关系则可能会越强。也正是通过这种强弱关系的组合，才能为之后的网络的规模性和稳定性的兼得奠定基础。

同样以连锁信实验为例，在随后两次连锁信实验中，因完成连锁的比例太低，实验结果未被发表。但是幸运的是，研究者发现很多微妙的因素会对连锁信实验的结果产生极大的影响。研究者尝试在不同种族和不同收入人群中重复实验，他们发现了巨大的差异。事实上，在米尔格拉姆与别人合著的一篇论文中揭示了，如果信件的最终接受者为黑人，实验的送达率为 13%，而如果是白人，则送达率上升为 33%，尽管实验者在开始的时候并不知道接受者的种族。

16 世纪的英国，正处在都铎王朝的统治之下，玛格丽特小姐和托马斯爵士在坐牢期间为了消磨时间，彼此写了一连串的情诗。这些诗保存了下来，因为他们写在了一本特别的书上，现称为《德文郡手稿》。这本手稿的出名之处在于，它在玛格丽特小姐、托马斯爵士及他们圈子内的其他年轻廷臣之间秘密流传，用来交换诗歌、短笺和含有密语的信息。从书上的笔迹可以看出，至少有 19 个不同的人在书上写过东西。写得较多的是玛格丽特小姐和她的密友玛丽·谢尔顿，还有托马斯爵士及其侄女玛丽·菲茨罗伊。这本不起眼的《德文郡手稿》成为留言者之间的社交网络。

不过，《德文郡手稿》当时是在英国年轻廷臣之间横向传播的。而推特可以轻易地实现在同一类型人群之间快速高效的传播，使用微博、微信等各种社交媒体可以对即时发生的事情进行传播；并且在不同人群之间纵向传播，如从明星 KOL 到下里巴人，都能借此进行热烈讨论。这种强弱并举的形式形成一张关系网络，拥有关系网的个体，正逐渐成为社会大网下的组成元素。

（2）找到枢纽节点。

艾伯特-拉斯洛·巴拉巴西在《链接》一书中提出了“枢纽节点”这一概念和无尺度网络模型。枢纽节点指的是在一个网络中比其他节点拥有更多链接的节点。在人类社会中，枢纽节点就是那些社交面非常广、朋友非常多的人。网络的真实结构不是随机均匀分布的，现实生活中有些善于交际的人微信好友有几千人，有些爷爷奶奶的微信好友只有家里的几口人。一个网络的结构，主要是枢纽节点在支配，在起作用的，而不是所有节点。我们人类社会能够保持紧密连接，靠的就是枢纽节点联系起了不同的社交圈子。

经过多次改良实验，米尔格拉姆发现信件或包裹在人们心目中的价值是影响人们决定继续传递它的重要因素。这一发现使得他成功将送达率提升至 35%，后来更上升为 97%。抛开对“地球是很小的”论断的怀疑不说，人们对“某个特定世界是很小的”这个论断是没有丝毫怀疑的。不仅如此，米尔格拉姆还发现了漏斗效应， 他发现大部分的传递都是由那些极少数的明星人物完成的。在一个 5% 的飞行员实验中，他发现 2/3 成功的传递是由同一些“明星”来完成的。

该明星就是这其中的“枢纽节点”，其实，作为营销人都能深刻地体会到这一观点，启动一个营销传播往往会选择KOL（Key Opinions Leader，关键意见领袖）参与其中。以微信公众号为例，公众号节点的数量已经超过了2500万个，然而公众号月活跃账号数量为350万个。在这样一个网络里，节点的重要性差别巨大，符合二八定律。二八定律说的是20%的成员占据了80%的资源，少数成员占有非常重要的位置。所以，选择好节点位置也是达成目标的一个重要途径。

当然，稍微要强调一下，这个节点不仅仅是KOL这一种载体形式，KOL这种载体形式“被商业化”“被运营化”“被量化”得更为成熟有效，其实，某个人群如御女一族，某个观点如不婚主义，某个风潮如土味情话，也是节点的一种表现方式。这也是为什么众多社会化营销公司会跟风而行，借势而为，来获得意想不到的效果。但是随着观点、人群、风潮的可评估、可量化、可运营、可被预知，枢纽节点在营销执行上的使用方式将更加宽阔。

（3）获得与成本的平衡。

在上面的故事里面，信到达波士顿股票经纪人手里面，也没有花费KOL的成本，甚至可以说没有任何的花费，或者说看起来成本为0。但是成本是否真的为0呢？每个人传递一下信件花费极低，然而那些人肯这么做，其实是看在朋友的面子上，所以这里花费的成本实际是什么呢？是中国人说的“人情债”，也就是所谓的关系成本。人情债和金钱债一样，背了就一定要还，这就是传递中的成本问题。

Gmail的邀请方式直至今日仍被很多人称颂。刚刚出现的时候，一个邀请甚至可以卖到60美元。很多人惊呼这是最伟大的营销。然而，到了今天，很多人的邀请已经变得无法发送出去。为什么呢？因为一开始的时候，Gmail是稀缺物品，所以价值高昂，加上Gmail带有Google的强势品牌和高度用户认同感，所以就更加受追捧，拥有Gmail成了荣誉的象征。正是这种荣誉成了Gmail邀请在六度分割网络中疯狂传播的激励。然而随着Gmail的高度普及，这种荣誉感逐步下降，最终降低了激励，从而使传播陷入了停滞状态。

从以上两个案例分析来看，当品牌与信徒之间的网络通过人与人相连的方式架设好了之后，营销人需要考虑关系成本与获得价值之间的平衡，以触发下一次传递行动，直到产生最后目标行为，以形成闭环。

所以，如果认为通过六度分割理论可以低成本地获得营销效果，那的确是一个误区。误区在于，对于用户在收到这个信息之后的转发传播成本不是只停留在物质层面，这也就是为什么有的时候所谓的“病毒营销”即便雇用了一些“水军”造势，但是到第二层或第三层的时候就无法再传播起来的道理。

算法：群体中对个体的激励制度

康奈尔大学的科学家开发了一个算法，能够识别一篇文章中某些文字的“突发”增长，而这些“突发”增长的文字可以用来快速识别最新的趋势和热点问题，因此能够更有效地筛选重要信息。过去很多搜索技术都采用了简单计算文字/词组出现频率的方法，却忽略了文字增加的速率。如果这种方法应用于广告商，就可以快速找到潜在的需求。

1842 年，Ada Byron 编写了第一个程序——为巴贝奇分析机编写求解伯努利方程的程序，Ada Byron 因此被大多数人认为是世界上第一位程序员。但这个程序未能在巴贝奇分析机上执行。直到 20 世纪，英国数学家图灵提出了著名的图灵论题，并提出一种假想的计算机抽象模型，这个模型被称为图灵机。

也就是说，算法需要和计算机技术相互交融才能发挥它的最大功效去解决问题，否则算法仅仅是个供研究的算法本身。

算法的定义是指解题方案的准确而完整的描述，是一系列解决问题的清晰指令，算法代表着用系统的方法描述解决问题的策略。也就是说，算法是一种系统性的解决问题的策略机制。

如此说来，算法又是如何解决社群问题的呢？有专家认为教派和军队是伪集体——需要某种外力去防止他们解体。甚至有人大胆断言，人不纯粹是群居动物，更像一种游牧动物，是领导者领导的牧群中的个体生物。所以，对于每个个体来说，他们既有群体需求对“超人”的期盼，又存在着个体塑造自我的期盼。所以，可以说每个社群都是伪集体，都需要创造一种策略机制，在群体和个体中不断寻找动态平衡来防止他们解体。

凯文·凯利在他的著作《失控》中讲述过这么一个故事：1989 年，新闻杂志上铺天盖地都是计算机病毒比瘟疫还要糟的、是技术所能到达的邪恶至极的封面报道。但雷从计算机病毒的简单代码中窥见了一个新科学的诞生：实验进化与生态学。为保护外部世界（和保证自己的计算机不会崩溃），雷用一台虚拟计算机来运行他的实验。虚拟计算机是一种在真实计算机的潜意识深处模拟特定计算机的智能软件。

通过将那些可自我复制的小家伙们限制在这个影子计算机中，雷把它们与外界隔离，使自己在不危及主机的情况下，能够对计算机内存这样的重要功能胡乱折腾。“看了一年计算机手册之后，我坐下来写代码。两个月后，这小玩意儿跑起来了。在程序运行的头两分钟里，我就已经获得了可以进化的生物”。

雷在他称为“地球”的世界里种下了他编写的一个小玩意儿——80 字节的程序代码，并把它放入他的虚拟计算机的内存中。这个小家伙先是找到一块 80 字节大小的空白内存空间，然后用一份自己的复制品占据这块地盘，从而实现了自我复制。没几分钟，内存里就满是 80 字节的复制品了。

此后，雷增加了两个重要功能，将这台施乐复印机般的复制机改造成一台进化机：他的程序在复制中偶尔会搞乱几位代码，他还赋予这些“生物”中的刽子手以优先权。简而言之，他引入了变异和死亡。计算机科学家告诉过他，如果随意改变计算机代码（他的所有生物实际上都是代码），改变后的程序可能无法正常运行，甚至使计算机崩溃。

雷将这个捣乱的东西命名为“收割机”，他的“地球”的其余部分继续运转。“收割机”会放过极少数有效变种，“收割机既杀死最老的家伙，也杀死最捣蛋的家伙。”雷笑着说。 在“地球”的首轮运行中，随机变异、死亡和自然选择都起了作用。没几分钟，雷就见证了一个生态系统的诞生——这个系统由那些新的生物组成，它们为抢夺计算机周期而竞争。竞争奖励个头小的家伙，因为它们需要的周期更少，而残酷的达尔文进化论淘汰的则是贪婪的消耗者、体弱多病的物种和老家伙。物种 79（比 80 少一个字节）是幸运的。它的工作卓有成效，很快就超过了 80。

雷还发现了非常奇怪的东西——一种只有 45 个字节的变种。它的代码效率极高，数量上也超过了所有其他变种。“这个系统自我优化的速度之快令我震惊，”雷回忆说，“系统中的存活者有着越来越短的基因，我可以用图把这个速度描绘出来。”在对 45 的代码做进一步考察时，雷惊奇地发现它是一只“寄生虫”。它只包含了生存所需的代码。为了繁殖，它“借用”了 80 的繁殖代码来复制自己。只要周围有足够的 80 宿主，45 就会兴盛起来。但是，如果在有限的范围内 45 太多了，就不会有足够的 80 提供复制源。随着 80 的减少，45 也减少了。这对舞伴跳着共同进化的探戈，进进退退，就像北部森林中的狐狸和兔子一样。“所有成功的系统都会吸引寄生虫，这似乎是生命的普遍属性。”雷提醒说。在自然界，寄生虫如此常见，以至于宿主很快就共同进化出针对它们的免疫力。寄生虫随之进化出骗过那种免疫力的策略。结果宿主再共同进化出抵制它们的防御能力。实际上这些行动并不是交替出现的，而是两股持续相互作用的力量。

雷学会了用寄生虫在“地球”上进行生态实验。他把 79 装到他的“培养液”里，因为他觉得 79 可能对寄生虫 45 免疫。的确如此。不过随着 79 的兴旺，第二种能够捕食它们的寄生虫进化了出来。这一种有 51 字节长。当雷为它的基因排序时发现，45 之所以能变成 51，正是由一个“基因事件”所引起的，“7 个出处已无从考究的指令取代了 45 中间段某处的一个指令”，把一个丧失能力的寄生虫变成了强有力的新物种。但这还不算完——一个对 51 具有免疫力的新物种进化了出来，而这样的过程还在继续。在运行了很长时间的“培养液”中，雷发现了以其他寄生虫为宿主的超寄生虫，“超寄生虫就像从你家的电线上偷电的邻居。他们用你的电，你付电费，而你还蒙在鼓里”。在“地球”里，像45这样的有机体发现自己无须“携带”大量代码来复制自己，因为它们周围有足够的代码。

雷俏皮地说：“这就像我们利用其他动物的氨基酸一样（在我们吃它们的时候）。”在进一步的检查中，雷发现超—超寄生虫兴旺起来，寄生升级到了第三重。他发现了“社交骗子”——这种生物利用了两个合作的超寄生虫的代码（“合作”的超寄生虫彼此还相互偷窃）。社会骗子需要相当发达的生态环境。至于超—超—超寄生虫，虽然还没看到，不过也许已经有了，这种不劳而获的游戏也许永无止境。

“我从编写80字节的东西开始，”雷回忆说，“因为那是我能拿出来的最佳设计了。我猜想或许进化能把它降到75字节左右，于是就让程序运行了一整夜。结果第二天早上就出现了一个新东西——不是寄生虫，而是某种能完全自我复制的东西——它只有22字节！令我大惑不解的是，在没有像寄生虫那样盗用别人指令的情况下，一个电脑病毒是怎样仅通过22个指令就做到自行复制的呢？为了和他人分享这个新发现，我把它的基本算法发到网上。麻省理工学院一位计算机专业的学生看到了我的解释，但不知怎么没有得到病毒22的代码。他试图手工重新创造它，但是他的最好成绩也需要31条指令。当他得知我是在睡觉时得到22条指令的时候，他沮丧极了。”人类力所不及的，进化却能做到。

雷在一台显示器上展示了22在培养液中繁殖倍增的踪迹，以作为他的陈述的最佳诠释：“想想看，随机地改动程序竟然能胜过精雕细琢的手工编程，这听上去挺荒谬的，可这就是一个活生生的例子。”

“算法”对社群的影响，其核心目标无非是可以激发一个集体转化成另一个小众集体的过程，这其中就是对社群中个人的激励。我们往往会认为当你进入一个群体之后，自我就需要向群体妥协，以换取群体决策的稳定和安全保障。然而，在基础社会已经解决了这个基础保障之后，从品牌意图出发的社群应该建立在自我实现之上。我们发现有人会喜欢一些小众的乐队、作家、高科技产品，周围人都没听过也没关系，一个人照样很痴迷，跟人聊起来还会凭空多出点小确幸、小骄傲。那些登山运动员，还有街头极限运动的玩家，至少有部分原因是其他人不敢做，所以他们才要做。就像一首歌里唱的，“我们不一样”。

第三部分

第十章

尾声：2021 的底线

《德雷斯顿抄本》是一本著名的典籍，今天的人们之所以叫它这个名字，是因为它保存在德国同名城市的萨克森州立图书馆里。一些人认为，典籍上的象形文字就是对世界的预言。科学家估计，它的年代在公元前 1200 年到 1250 年，是古代玛雅人留下的最精美、最复杂的文献。

1739 年，皇家图书馆馆长购买了这本书。第二次世界大战末，盟军的轰炸机毁灭了这座城市，也毁掉了这本书的原稿。今天学者们研究它时，只能使用该书自 19 世纪以来的副本。目前现存的只有三个手抄本，都收藏在欧洲的图书馆中。一本在马德里，一本在巴黎。

你可能对《德雷斯顿抄本》不甚了解，但说起玛雅人的预言，尤其是世界末日预言应该有不少人知道，该预言便是源自此书。

从 2012 说起

美国科尔盖特大学考古天文学家安东尼·阿维尼是一名玛雅文化研究专家。阿维尼表示："在玛雅历法中，1872000 天算是一个轮回，即 5125.37 年。"所以，2012 年 12 月 21 日（冬至）肯定是玛雅人的一个重要日子。

根据玛雅人的预言，现在我们所生存的地球，已经是在所谓的第 5 太阳纪（大概历时五千多年），这是最后一个"太阳纪"。到目前为止，地球已经过了四个太阳纪，而在每一纪结束时，都会上演一出惊心动魄的毁灭剧情。

所以，根据"长历法"，到 2012 年冬至时，就意味着当前时代的时间结束，即完成了 5125.37 年的一个轮回。长历法于是重新开始从"零天"计算，又开始一个新的轮回。美国科尔盖特大学考古天文学家安东尼·阿维尼认为："这仅仅是一个重新计时的思想，与我们每年元旦或周一早上重新开始一年或一周生活完全一样。"

当初提出 2012 末日论的人可能误解了玛雅的日历。根据玛雅日历，一个时长 5125 年的轮回将于 2012 年 12 月 12 日画上句号，这也就意味着一个全新的开始。

2012 年 2 月，《纽约时报》一篇专栏文章“The Age of Big Data”中称：“大数据”时代已经降临。文章指出，“大数据”正在对每个领域造成影响。举例来说，在商业、经济及其他领域中，决策行为将日益基于数据和分析而做出，并非基于经验和直觉；在公共卫生、经济发展和经济预测等领域中，“大数据”的预见能力也已经崭露头角。

2012 年 3 月，美国奥巴马政府宣布投资 2 亿美元，启动“大数据研究和发展计划”，这是继 1993 年美国宣布“信息高速公路”计划后的又一次重大科技发展部署。美国政府认为大数据是“未来的新石油与矿产”，将“大数据研究”上升为国家意志，对未来的科技与经济发展必将带来深远影响。

2012 年 5 月，美国数字政府战略发布，提出要通过协调化的方式，所有部门共同提高收集、储存、保留、管理、分析和共享海量数据所需核心技术的先进性，并形成合力；扩大大数据技术开发和应用所需人才的供给。以信息和客户为中心，改变联邦政府工作方式，为美国民众提供更优的公共服务。

其实，我们将“大数据”和“玛雅预言”关联起来看的话，的确有些端倪。从 2012 年年底至今，“玛雅预言”与“大数据”思潮此消彼长。

如果说互联网思维是一种用户流量思维，那么大数据思维便是概率统计思维，通过数据输入获得一个概率，来预见项目达成目标的概率。

我们简单地讲，大数据是通过数据分析结果告诉别人，这个事情是大概率事件，还是小概率事件。最后，由项目决策者去做这个决定，甚至大数据可以按照概率帮你把事件排序，哪些是 50%，哪些是 70%，哪些是 90%，但决策、决定、实施、执行都要由项目组自行完成。

但大家一定不能把这个结果认为是绝对精准的。

因为我们要做出高概率的预估，做到高度的精准是有代价的，是有成本的。我们介绍一下 APCU 的概念。

回到之前我们谈到的例子，美国军方要获得对一个项目的高概率预估，他们耗巨资制造了“ENIAC”。这种类型的 APCU （Average Project Cost Per Unit，单量成本）成本基本上在 10000 元人民币以上；而金融行业的信贷平衡计分卡的 APCU 成本在 1000 元人民币左右，但银行觉得为了这个概率他们愿意掏这些成本；接下来的 APCU 测算就以此类推。

基于此，以上案例的两组数据：

APCU 成本数序列为：10000（我们认为这是一个成本极值），1000，100，10，1，0.1，0.01……

数据应用时间跨度年限：40 年（从 ENIAC 到平衡计分卡），20 年，10 年，5 年，2.5 年，1.25 年……

我们可以获得以下图示：

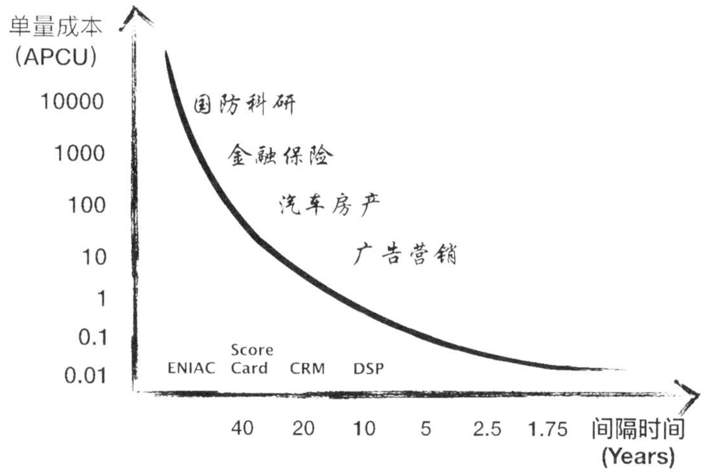

APCU 递减定律

我们预言一个在上一个间隔时间段的 1/2 的时间序列下 $X_{n+1}-X_n=(X_n-X_{n-1})/2$，

APCU 成本也将以 1/10 与上一个 APCU 的速度递减 $y_{n+1}=y_n/10$， 就如同 DSP 年之后的 2013 年，我们可以通过数据 API 接口的方式来获得新浪微博数据，做人群画像以辅助营销洞察，APCU 基本控制在 1 元以下。

2021，步步逼近“科学底线”

大数据的使命是什么呢？是造物吗？可能是吧，不能确认。但有件事可以肯定，它将终止一个时代，人类的科学世界将终止于大数据时代。

麻省理工学院斯隆管理学院的经济学教授埃里克·布吕诺尔夫松称，如果想要理解“大数据”的潜在影响力，那么可以看看显微镜。显微镜是在四个世纪以前发明的，能让人们看到以前从来都无法看到的事物，并对其进行测量——在细胞的层面上。显微镜是测量领域中的一场革命。

当人类的一切细节都可以数据化，那么在社会、商业、经济及其他领域中，决策行为都将日益基于数据和分析而做出，而并非基于经验和直觉。

科学起源于 17 世纪的西方世界，科学强调实验数据及其结果的重现性。而近 200 年以来，人类在面对可知世界时，使用着各种实验和数据，不断触碰科学的底线。

正如著名科幻小说作者刘慈欣在《三体》中所写的：“自 20 世纪下半叶以来，物理学古典理论中的简洁有力逐渐消失了，理论图像变得越来越复杂、模糊、不确定，实验验证也变得越来越难，这标志着物理学的前沿探索似乎遇见了很大的障碍和困难。”

可以设想，当大数据这个人类社会显微镜引入时，我们是否可以用科学的方式对自然界的探索有进一步更深度和精度的探求呢，但我们也隐约感觉到这个探求似乎存在一条底线，而这个底线下面是另一维世界，是造物主设定的底线。

换个角度来说，是我们也正控制着的人类主流哲学思潮的唯物主义理性的底线。

笛卡尔代表理性主义，牛顿更是理性主义的巨人，然而，牛顿的晚年在神学中寻找答案，或许也预知到了这个“底线”的存在。

1818 年，德国哲学家叔本华出版代表作《论意志与表象的世界》，自认为是杰作，但只卖出去了不到 200 本。然而，叔本华提出的生命意志（我们内心不可避免感觉到的高于理性的力量，那种强大到会扭曲所有理性的计划和判断的力量称作生命意志）观点被后来的一个年轻哲学家所关注并发扬。

这个人便是尼采，尼采向来是西方哲学史上一个备受争议的人物，在认识论上，尼采是极端的反理性主义者，他对任何理性哲学都进行了最彻底的批判。

他指出，尽管物质财富日益增多，人们并没有得到真正的自由和幸福。僵死的机械模式压抑人的个性，使人们失去了自由思想的激情和创造文化的冲动，现代文化显得如此颓废，这是现代文明的病症，其根源是生命本能的萎缩。

“理性”强制人们犯错误。“是”与“存在”混为一谈，弄假成真，弄真成假，蒙骗无知的人们。他认为，从苏格拉底到现代人都狂热地诉诸理性是很荒谬的。人类之所以崇尚理性，是指望它给人带来自由和幸福；然而结果恰恰相反，理性处处与人的本能为敌，造成人的更大痛苦。

或许尼采的“权力意志”就是对“绝对理性”的最好回应。虽然，我们会声称我们是理性的，但人类逐步在滥用科学技术满足自己无穷的欲望，渐渐陷入深渊。人类太需要一点精神了，在这一点上，有位藏僧说的好：“人类文明将会明白，科学和技术最前沿是在精神灵性区域，而并非物质的物理和化学。”

参考文献

[1]［英］彼得·伯克. 制作路易十四［M］. 北京：商务印书馆，2008.

[2]［美］杰克·特劳特. 什么是战略［M］. 北京：机械工业出版社，2010.

[3]［美］特德·姜. 你一生的故事［M］. 北京：译林出版社，2015.

[4]［美］贾雷德·戴蒙德. 枪炮、病菌与钢铁—人类社会的命运［M］. 上海：上海译文，2006.

[5]［以］尤瓦尔·赫拉利. 人类简史：从动物到上帝［M］. 北京：中信出版社，2014.

[6]［以］尤瓦尔·赫拉利. 未来简史［M］. 北京：中信出版社，2017.

[7]［美］杰克·古迪. 偷窃历史［M］. 杭州：浙江大学出版社，2009.

[8]［法］费尔南·布罗代尔. 文明史［M］. 北京：中信出版社，2014.

[9]［美］艾伯特-拉斯洛·巴拉巴. 链接［M］. 杭州：浙江人民出版社，2013.

[10]［美］艾伯特-拉斯洛·巴拉巴. 爆发［M］. 北京：中国人民大学出版社，2012.

[11] 洪磊/李静/刘先泽. 蓝鲸法则——大数据之道［M］. 北京：人民出版社，2016.

[12]［美］丹尼尔·卡尼曼. 思考，快与慢［M］. 北京：中信出版社，2012.

[13]［美］阿米尔·侯赛因. 终极智能［M］. 北京：中信出版社，2018.

[14]［美］佩德罗·多明戈斯. 终极算法［M］. 北京：中信出版社，2017.

[15]［美］马文·明斯基. 心智社会［M］. 北京：机械工业出版社，2016.

[16]［美］卢克·多梅尔. 人工智能［M］. 北京：中信出版社，2016.

[17]［美］威泽弗德. 成吉思汗与今日世界之形成［M］. 重庆：重庆出版社，2009.

[18]［英］玛丽·伊万丝. 现代社会的形成［M］. 北京：中信出版社，2017.

[19] 罗振宇. 罗辑思维［M］. 武昌：长江文艺出版社，2013.

[20]［美］莫里斯. 西方将主宰多久［M］. 北京：中信出版社，2017.

[21]［英］马特·里德利. 自下而上［M］. 北京：机械工业出版社，2017.

[22]［美］雪莉·特克尔. 群体性孤独［M］. 杭州：浙江人民出版社，2014.

[23]［英］斯丹迪奇. 从莎草纸到互联网［M］. 北京：中信出版社，2015.

[24]［美］ 尼古拉斯·卡尔. 浅薄：互联网如何毒化了我们的大脑［M］. 北京：中信出版社，2010.

[25]［加］罗伯特·洛根. 理解新媒介：延伸麦克卢汉 ［M］. 上海：复旦大学出版社，2012.

[26]［加］ 马歇尔·麦克卢汉. 理解媒介：论人的延伸［M］. 北京：译林出版社，2011.

[27] 曹虎/王赛/乔林/【美】艾拉・考夫曼. 数字时代的营销战略［M］. 北京：机械工业出版社，2017.

[28]［美］威廉・麦克尼尔. 世界史［M］. 北京：中信出版社，2013.

[29]［美］汤姆. 齐格弗里德. 纳什均衡与博弈论［M］. 北京：化学工业出版社，2011.

[30]［美］杰里米・里夫金. 同理心文明［M］. 北京：中信出版社，2015.

[31]［英］理查德・道金斯. 自私的基因［M］. 北京：中信出版社，2012.

[32]［美］斯塔夫里阿诺斯. 全球通史［M］. 北京：北京大学出版社，2012.

[33] 李卫东. 外星人就在月球背面［M］. 重庆：重庆出版社，2009.

[34]［德］克劳塞维茨. 战争论［M］. 北京：解放军出版社，2005.

[35]［英］罗素. 宗教与科学［M］. 北京：商务印书馆，2010.

[36] 林欣浩. 哲学家们都干了些什么?［M］. 北京：北京联合出版公司，2015.

[37] 位迎苏. 伯明翰学派的受众理论研究［M］. 北京：中国传媒大学出版社，2011.

[38]［美］詹姆斯・格雷克. 信息简史［M］. 北京：人民邮电出版社，2013.

[39]［加］伊尼斯. 帝国与传播［M］. 北京：中国人民大学出版社，2003.

[40]［英］劳伦斯・弗里德曼. 战略：一部历史（全 2 册）［M］. 北京：社会科学文献出版社，2016.

[41]［丹麦］克里斯琴・马兹比尔格/（丹麦）米凯尔・拉斯马森. 意会时刻［M］. 成都：四川人民出版社，2018.

[42]［美］托马斯・克伦普. 数字人类学［M］. 北京：中央编译出版社，2007.

[43]［英］凯伦・阿姆斯特朗. 轴心时代［M］. 海南：海南出版社，2010.

[44]［英］凯伦・阿姆斯特朗. 神的历史 M］. 海南：海南出版社，2007.

[45]［加］亨利・明茨伯格. 战略历程［M］. 北京：机械工业出版社，2006.

[46]［英］菲利普・鲍尔. 预知社会［M］. 北京：当代中国出版社，2010.

[47]［美］伊恩・莫里斯. 文明的度量［M］. 北京：中信出版社，2014.

[48]［英］理查德・道金斯. 上帝的错觉［M］. 海南：海南出版社，2017.